婺州窑之人文生境
THE HUMANISM SIGNIFICANCE
OF WUZHOU CERAMICS

器象乎天地

SYMBOLISING
HEAVEN
AND EARTH

金华市博物馆 编

徐 进 主编

文物出版社

图书在版编目（CIP）数据

器象乎天地：婺州窑之人文生境/金华市博物馆编；
徐进主编.--北京：文物出版社，2023.11

ISBN 978-7-5010-8245-2

Ⅰ.①器… Ⅱ.①金… ②徐… Ⅲ.①瓷器（考古）—
出土文物—金华—图录 Ⅳ.① K876.32

中国国家版本馆 CIP 数据核字 (2023) 第 214640 号

器象乎天地——婺州窑之人文生境

金华市博物馆 编　徐进 主编

艺术总监：邱君武
装帧设计：陶忠玲
责任编辑：安艳娇　王　媛
责任印制：张道奇

出版发行：文物出版社
地　　址：北京市东城区东直门内北小街2号楼
邮　　编：100007
网　　址：http://www.wenwu.com
经　　销：新华书店
制　　版：杭州品图文化艺术策划有限公司
印　　刷：浙江影天印业有限公司
开　　本：889mm×1194mm 1/16
印　　张：10.5
版　　次：2023年11月第1版
印　　次：2023年11月第1次印刷
书　　号：ISBN 978-7-5010-8245-2
定　　价：320.00元

指导单位　中共金华市委宣传部
主办单位　金华市文化广电旅游局
承办单位　金华市博物馆
协办单位及人员

浙江省文物考古研究所　徐　军　谢西营　张　森
湖南博物院　方昭远　张艳华
杭州市文物考古研究所　唐俊杰　李　迎
宁波市文化遗产管理研究院　王光远　洪　欣
苏州市考古研究所　张照根　张志清
扬州博物馆　束家平　庄志军
金华市文物保护与考古研究所　赵　威　徐　倩
灵渠博物院　唐莉静　秦幸福
衢州市博物馆　童丽娟　徐云良
乐平市博物馆　余宏标　贝　琳
玉山县博物馆　毛传寿　罗春燕
建阳区文物保护中心　童丽玲　刘雪珂
衢江区文物保护所　杜郑飞　严宇晟
江山市博物馆　裘佳欢　江小建
龙游县博物馆　吕　鸣　翁倩琳
兰溪市博物馆　郑建明　孙　晨
东阳市博物馆　傅燕芳　韦倩莹
义乌市博物馆　王永平　金国祯　李　亮
永康市博物馆　朱优莉　李　函
浦江博物馆　朱江平　张旭惠
武义县博物馆　傅毅强　胡　城
磐安县文物保护所　陈骥川　张巧娅

鸣谢

婺州古瓷馆　杨　宏
武义婺州窑研究所　邵文礼
古越轩　胡　聪
陶然居　曹兆浦

展览团队

项目负责人　徐　卫

策展人　徐　进　陈　彤

执行策展人　王晨辰

学术顾问　郑建明　秦大树　潘守永　谢西营　张馨月

内容收集　许丹凤　宁小茜

设计施工协调　施成伟

展品调集　周　凯　祝碧莲　吕沅泽

宣教策划组织　许　倩　叶剑韬

自媒体推广　赵　婧

文物修复　盛经纬

安全保障　郦　琰　盛丹阳

空间设计　镜雨文化　高　雯

视觉传达　洲际品牌顾问

深化设计及搭建　杭州拓凡展示

文物运输　上海特锐艺术

文创设计制作　杭州博物文化

影像记录　杭州真创文化

图录设计　杭州品图文化

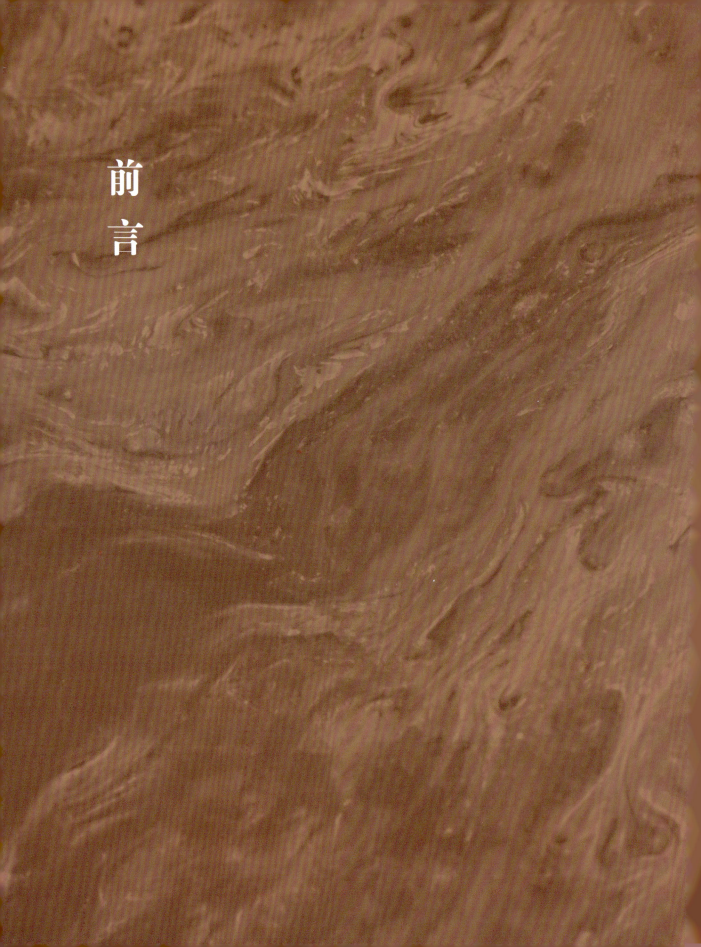

前言

金星婺女争华处，盆地错落涵三江。
上山万年之际，水、土、火交织出文明星芒。
窑址星罗，窑火绵延相承，千年不熄。

在寻常与无常之器中，追寻绚烂与永恒的生命伸张；
在此岸与彼岸的碎片中，诉说对远方与世界的渴望。
跨过千万河流与山川，极目不见故土，抬头却是同一片天空。

以手捏制，堆塑出现实与想象；
以土妆扮，窑变呈流光与万象。
新与旧，在器物上传承更替，
古老的土地正蜕变为新的沃土……

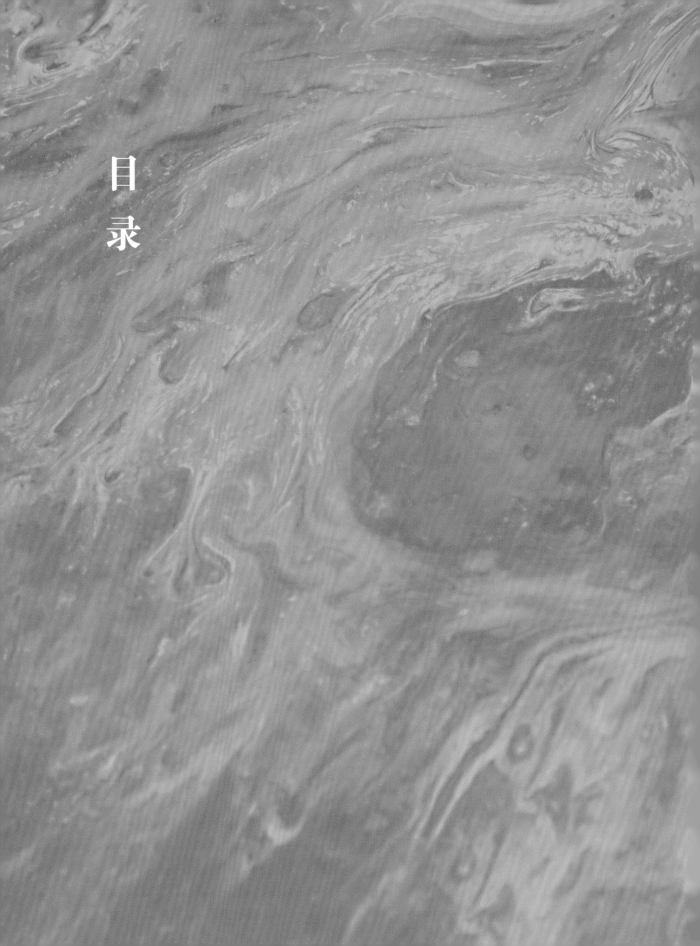

目 录

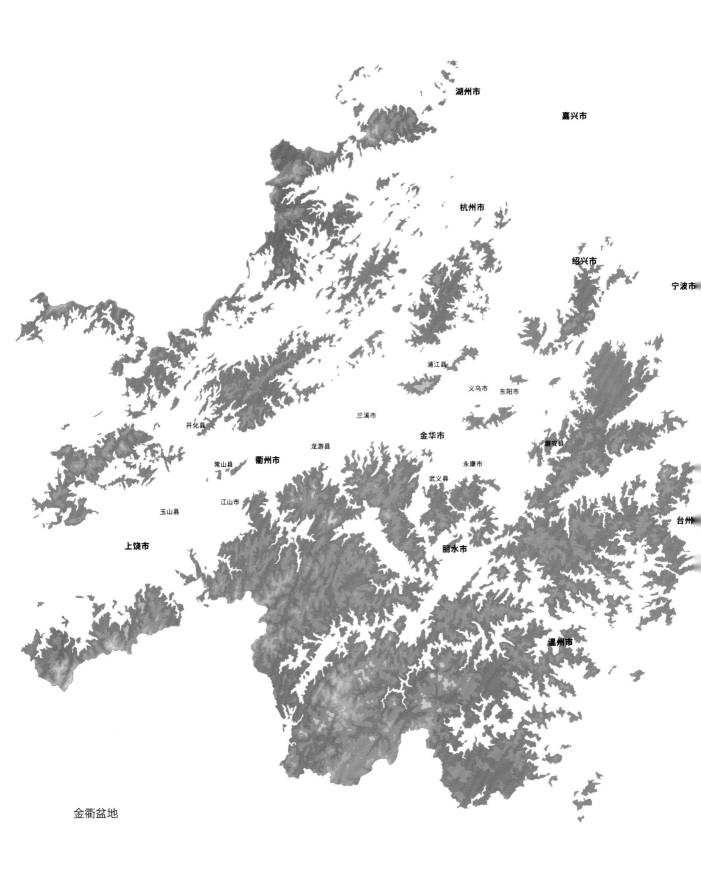

湖州市

嘉兴市

杭州市

绍兴市

宁波市

浦江县

义乌市

东阳市

兰溪市

开化县

金华市

磐安县

龙游县

常山县

衢州市

永康市

武义县

玉山县

江山市

台州

上饶市

丽水市

温州市

金衢盆地

引言

婺州窑，是分布于古代婺州地区的窑系。地域范围大致相当于今浙江中西部的金衢盆地，即金华、衢州以及江西东部的上饶玉山一带，与隋唐时期婺州辖域基本吻合。婺州窑创烧于东汉时期，发展于六朝，兴盛于唐宋，终于元末明初。以生产日用陶瓷为主，富有浓厚的地方风格与民间艺术特色，宋元时期，其产品既供应本土，又作为外销瓷行销海外。

婺州窑产品在原料上，因地制宜、就地取材；在工艺上，以化妆土、乳浊釉、堆塑、褐彩而独具特色。并在不同时期吸收了越窑、龙泉窑的青瓷工艺，建窑、德清窑等的黑瓷工艺，同时兼容青白瓷、彩绘瓷等技术，成为博采众长、海纳百川的技术吸收型窑系。其工艺和理念也广泛向外辐射和传播，对江西、湖南、广西、福建等地窑口都产生了一定影响。

婺州窑作为古代著名的青瓷窑系，其生产年代之久、窑址数量之多、工艺技术之广泛，在我国瓷窑中实属罕见。它是中国陶瓷史的重要组成部分，也是中华几千年文明史和中外文明交流史的见证。

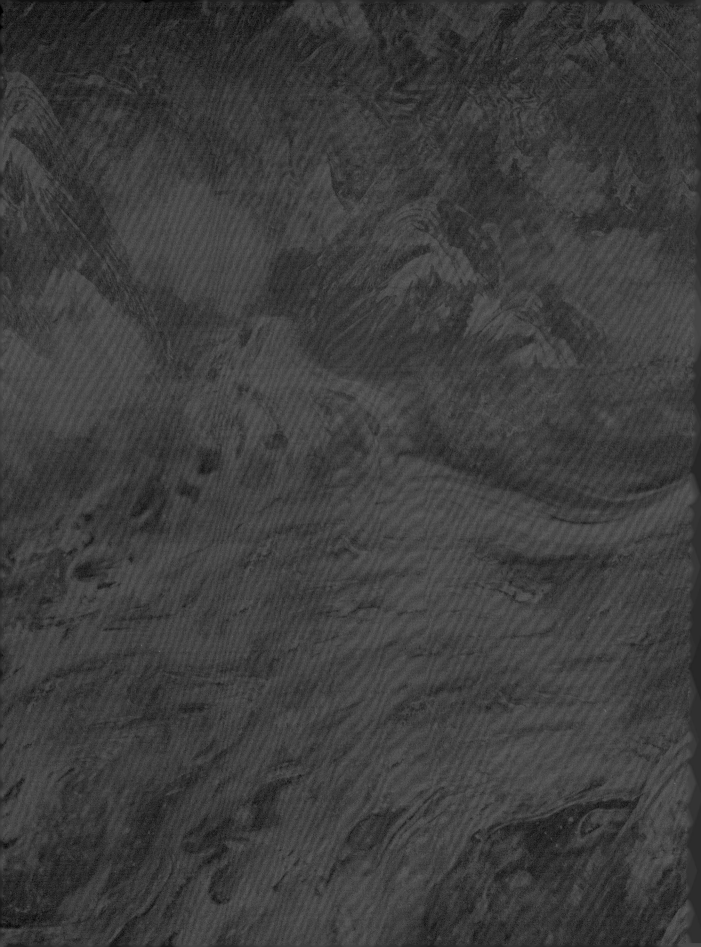

婆土出佳器

郡邑之有山川，
云气蒸而生百物，
灵秀萃而出佳器。
始禹贡扬州之域，
以其地天文为婺女分野，
故以名州。
据东浙上游，建瓴吴越，
人才土产之盛，
甲于东浙诸郡。
上山万年始创陶，
原始瓷自先秦出。
东汉始创瓷，
历六朝之延续，
至唐而盛，
始有窑名。
窑以州名，
曰「婺州窑」。

宝婺灿灿利窑业

　　金衢盆地优越的地理区位与水土资源，为窑业的产生和发展奠定了物质基础。自上山文化始制彩陶，陶瓷烧造的历史已积淀了近万年。商代，金衢盆地出现原始瓷，成为全国烧制原始瓷最早的地区之一。此后，在该地区形成了一个延续两千多年、涵盖各类陶瓷器品类的庞大窑业系统。

金衢山川

古代婺州窑主要分布于金衢盆地，该地区特殊的地理区位，丘陵为主的地貌地形，丰富的红壤资源、水资源和燃料资源，使之成为孕育和滋养婺州窑业最适宜的土地。

区位

金衢盆地地处浙江省中西部，介于千里岗山脉、仙霞岭山脉、金华山脉和大盘山山脉之间。东连绍兴地区，北接杭州，西与闽、赣、皖三省相邻，实为两浙交通之要冲，历来为兵家必争之地。

地形

"三面环山夹一川，盆地错落涵三江"是对金衢盆地地貌特征的生动概括，海拔低于500米的低山丘陵密集，其间河流与平原交织。丘陵地区自然形成的坡度为建造窑炉提供了天然的窑基，窑炉顺山势而建，节省了人力和物力。

土质

金衢盆地红壤广布，红土面积达235.9万亩，分布在海拔650米以下的低丘岗地上，开采和粉碎较易。在高温湿润气候影响下，土壤中铁的氧化物积累较多，成胎后氧化铁含量高达3.02%，土体黏性强，用作陶瓷胚料易于成形。

水

金衢盆地内水系纵横交错，钱塘江水系、曹娥江水系、瓯江水系和灵江水系均有涵盖。其中以钱塘江水系分布范围最广，构成了盆地内最大的河流流径。这些河流在盆地内呈树枝状分布，形成了水利畅达的交通运输格局。

燃料

金衢盆地林地面积约为1335.7亩，盆地光热资源充足，夏季炎热，河谷土地肥沃，各类林木生长茂盛，特别是丘陵地带多产松木，为古代窑业发展提供了源源不断的燃料支撑。

万年积淀

　　婺州窑地区的制瓷历史可追溯至万年前的上山文化彩陶。夏商时期，以着黑陶最具地域特色，商周时期的印纹硬陶为原始瓷的诞生奠定了基础，商晚期，原始瓷出现在该地区的遗址和墓葬中。

　　东汉晚期成熟瓷器的出现，使婺州窑成为全国最早烧制成熟瓷器的窑系之一。

◀ 上山彩陶

　　上山彩陶是质地较粗且不透明的黏土制品。由黏土（或加石英等）经成形、干燥、烧制而成。烧成温度一般在600~1000℃。坯体呈灰、褐、棕等颜色。陶器的发明与使用是人类社会由旧石器时代进入新石器时代的重要标志。

　　世界上最早的彩（绘）陶器孕育于婺州窑地区。万年前，生活在这片土地的上山人，从洞穴走向旷野，开启了定居生活。他们开始培育水稻、制作陶器，这些陶器被用来储存、炊煮食物，也有的被用来盛放稻米酿出的美酒。

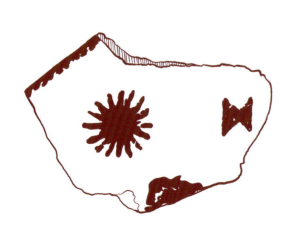
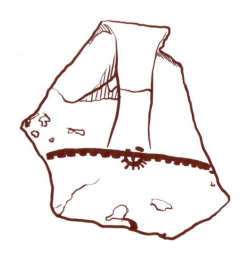

陶敞口盆

新石器时代
高13厘米，口径44厘米，底径13厘米
浦江上山遗址出土
金华市博物馆藏

陶壶形罐

新石器时代
高7厘米，口径5厘米，底径5厘米
永康湖西遗址出土
金华市博物馆藏

陶平底盘

新石器时代
高7厘米，口径39.6厘米，底径29厘米
浦江上山遗址出土
金华市博物馆藏

着黑陶

又称泥釉黑陶，主要流行于新石器时代晚期至商代，分布于仙霞山两侧的浙西南、闽北，向北伸延到新安江沿岸。着黑陶的致黑着色剂中含有铁和锰，如若再加碱性氧化物就可以成为釉，因而亦称之为"泥釉"。泥釉的厚度一般为0.2毫米，粗糙、无光、吸水、极易剥落。烧成温度在1050~1200℃。

着黑陶具有相当浓郁的地方特色，是介于陶器和原始瓷的中间产物。着黑陶的出现和工艺上的逐步提高，促进了原始瓷的出现。

着黑陶方格纹匜形罐
商
高13.1厘米，口径12.3厘米
江山市峡口镇肩头弄出土
江山市博物馆藏

着黑陶碗
商
高4.7厘米，口径14.3厘米，底径7.5厘米
江山市峡口镇肩头弄出土
江山市博物馆藏

印纹硬陶

　　陶器分为硬陶和软陶，早期陶器多属软陶，印纹硬陶是制陶技术发展到一定阶段的产物，用含铁量较高的黏土制作而成。胎质坚硬，硬度较高，吸水性弱，烧成温度在1100℃左右，质地接近于原始瓷。早在新石器时代晚期，婺州窑地区的先民就开始烧制印纹硬陶，商周时期的遗址和墓葬中多有发现。衢州市衢江区云溪乡的西周时期高等级墓葬群中出土的印纹硬陶，推测为姑蔑国王室贵族所用，代表了当时印纹硬陶制作的最高水平。

弦纹硬陶球腹罐
商
高11.9厘米，口径11.8厘米，腹径15.2厘米
江山市峡口镇肩头弄出土
江山市博物馆藏

印纹硬陶罐

西周
高65厘米，最大直径65厘米
衢州市衢江区孟姜三号墩出土
浙江省文物考古研究所藏

◀ 原始瓷

　　原始瓷属瓷器的早期形态，在印纹硬陶的基础上发展而来，瓷胎多呈灰白、灰褐或淡黄色，有青黄、青绿、褐、茶叶末等色，使用瓷石作坯料，烧成温度可达1100℃，表面施釉，具备瓷器的基本特征。原始瓷兴于商周，战国晚期衰落，秦汉时期继续发展。

　　至少在商代，婺州窑地区就已出现原始瓷，是全国烧制原始瓷最早的地区之一，亦是瓷器重要的起源地之一。除青釉原始瓷外，继承早期着黑陶发展的褐釉和黑釉原始瓷具有强烈的本地特色，使婺州窑地区也成为我国黑釉瓷器起源的中心地区。

青釉原始瓷碗

西周
高5厘米，口径13厘米，底径8.1厘米
1981年义乌平畴乡木尖山西周土墩墓出土
义乌市博物馆藏

青釉原始瓷盉

西周
高12厘米，口径12厘米，底径9.9厘米
1981年义乌平畴乡木尖山西周土墩墓出土
义乌市博物馆藏

褐釉原始瓷尊

西周
高25厘米，最大直径29厘米
衢州市衢江区孟姜一号墩出土
浙江省文物考古研究所藏

褐釉原始瓷豆

西周
高5厘米，口径9.8厘米，底径5.5厘米
1979年衢州市柯城区湖柘垅出土
衢州市博物馆藏

黑釉原始瓷三足盂

西周
高3.6厘米，口径8.5厘米，腹径8.7厘米，底径4.5厘米
1988年龙游溪口扁石砖瓦厂出土
龙游县博物馆藏

双系弦纹原始瓷壶

汉
高35.2厘米，口径12.7厘米，腹径27.8厘米，底径13.4厘米
1974年原金华造漆厂出土
金华市博物馆藏

窑舍重重倚岸开

　　1936年，陈万里寻访"金华古窑"，唐代陆羽《茶经》所载的婺州窑进入大众视野，婺州窑科学研究的先河就此开创。80多年来，一代又一代的文物工作者对婺州窑探索的脚步从未停歇。一个遍布金华、衢州以及江西东部，延续近两千年的青瓷名窑逐渐显现。窑址数量之多，烧造延续之长，在我国古代陶瓷发展史上实属罕见。

 **前人印记**

冯先铭提出，韩国新安沉船中的类钧瓷可能就是浙江金华地区所烧制。

衢州市上叶窑和龙游县方坦窑被发现。

衢县发现大川乡窑、湖南乡窑、白坞口乡窑三处窑址群。

武义水碓周五代北宋窑址被发现。

上海硅酸盐研究所对金华地区婺州窑系乳浊釉瓷片进行分相釉研究。

朱伯谦发表《浙江瓷业的新发现与探索》，认为婺州窑乳浊釉瓷与韩国新安沉船中的类钧瓷确有联系。

上海硅酸盐研究所发表《唐、宋、元浙江婺州窑系分相釉的研究》。阐述婺州窑乳浊釉的分相釉时间早于河南钧窑，且为本地区独立发展。

衢县两弓塘瓷窑进行发掘。

贡昌的《婺州窑》出版。

陈万里赴金华寻"载籍上所称述的婺州窑"。

朝鲜半岛新安海域发现中国元代沉船。

东阳歌山窑唐宋窑址进行发掘。

1936　　**1976**　　**1980**　　**1983**　　**1985**　　**1988**

1963　　**1978**　　**1982**　　**1984**　　**1986**

朱伯谦调查东阳象塘窑址。

考古清理东阳南寺塔遗址。

兰溪嵩山北宋瓷窑进行考古调查。

《中国陶瓷史》出版，朱伯谦在《隋唐五代的陶瓷》一文中介绍了婺州窑的基本情况。

贡昌在《中国古代窑址调查发掘报告集》上发表《谈婺州窑》。

衢县尚轮岗彩绘瓷窑进行考古调查。

故宫博物院举办婺州窑专题性展览。

以婺州之名

据《陶录》"陶至唐而盛，始有窑名"，我国古代地方性窑系常以隋唐建置命名。隋初，婺州窑地区"以其地天文为婺女分野"，始称"婺州"。东汉时此地烧制出成熟瓷器，历六朝之发展，至隋唐已现欣欣向荣之象，遂窑以州名，曰"婺州窑"。

龙游县白羊垄东汉窑址发掘。

江山市碗窑村坝头、龙头山、桐籽山窑址抢救性发掘。

江西省玉山县渎口窑考古发掘。

东阳市葛府茶园北宋窑址发掘。

《衢州古陶瓷探秘》出版。

《婺州窑论稿》出版。

1992　**2004**　**2008**　**2012**　**2020**

1990　**2001**　**2006**　**2011**　**2013**　**2023**

耀在冯先主编的《中陶瓷研究三辑)》表《漫谈古代瓷

武义县陈大塘坑窑址群进行两次抢救性发掘。

江山市应家山窑址发掘。

《婺州窑精粹》出版。

金华铁店窑考古调查。

永康市石柱镇厚莘村高塔山窑址进行发掘。

金华市文物保护与考古研究所调查36处窑址，其中新发现4座。

金华市博物馆举办"器象乎天地——婺州窑之人文生境"特展。

婺窑亦唐时婺州所烧者，今之金华府是也。《茶经》又以为婺器次于鼎瓷，非寿、洪器所能及。

——清·蓝浦《景德镇陶录》

碗，越州上，鼎州次、婺州次、岳州次、寿州、洪州次。或以邢州处越州上，殊为不然。若邢瓷类银，越瓷类玉，邢不如越一也；若邢瓷类雪，则越瓷类冰，邢不如越二也；邢瓷白而茶色丹，越瓷青而茶色绿，邢不如越三也。

——唐·陆羽《茶经》

金华之有烧陶瓷的窑，就是载籍上所称述的婺州窑。然而唐代的婺州窑，究竟在金华哪里呢？……窑基离古方车站约八里……似乎附近窑基有好多处，惜乎未能一一详细调查。所见碎片与绍兴情形完全不同，釉亦青色，并有种种接近天目的变色。……因此是否即系载籍上所称述的唐代婺州窑，固然不能如此仓促地来判断，而唐代的金华古窑，却已经被我发现。

——陈万里《瓷器与浙江》

　　　　婺州古瓷

　　我国是世界著名的陶瓷古国，瓷器又是我国古代劳动人民的一项伟大发明，瓷瓷的生产和发展对人类文化做出了卓越的贡献。我市是古代婺州窑所在地，建国以来，特别十一届三中全会以来，由于领导的重视，我根开展文物普查，找出本地婺州窑的基本面貌。其主要特点是延续时间长，从商晚期到西汉，历代产品在此成瓷，东汉晚期烧制成功真正成熟阶段的瓷瓷，一直延续到明清，为全国延续最长的窑口。其次，品种多，有青瓷、黑褐瓷、乳浊釉瓷、花瓷、青白瓷、彩绘瓷、青花瓷等。第三，特色工艺成就更多者。

　　婺州窑瓷，是我国主要著名窑口之一，制瓷艺术，驰声中外，并先后论文根据考参加国际和国内古陶瓷学术交流。今年四月日本以著名陶瓷专家三上次男先生为团长的代表团专程来金参观访问；国内故宫、中国社会古所、上博、南大及省有关专家学者，纷纷来金考察；今年要由省陶瓷专家邀请及故宫博物院的盛情邀请，计划将把《婺州古瓷》展览到故宫博物院展览三个月。

　　婺州古瓷的发展，延续二千五百多年，实为陶瓷史上所少见，登了历历前段可分几时期：

　　　　一、商周及始瓷

　　及始瓷的出现，从实物资料看，在商代晚期已出现，为全省最早的始瓷，在全国也不多，西周时期及始瓷，在衢县、江山、义乌、武义、东阳、兰溪、常山、龙游、开化等县市均有出土，在二百多处遗址，遗存中均有体现。

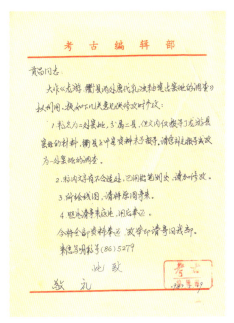

考古编辑部

贡昌同志：
　　大作《龙游、衢县两处唐代乳浊釉瓷古窑址的调查》拟采用。我们有以下几点意见供修改时参改。

　　1.稿名为二处窑址，分属二县，但正文内仅报导了龙游县窑址的材料，衢县上叶窑资料未予报导。请您补充报导或改为一处窑址的调查。

　　2.稿内文字有不合适处，已用铅笔划出，请加修改。

　　3.描绘线图，请将原图寄来。

　　4.照片请寄来底片，用后奉还。

　　今将全部资料奉还，敬望印请寄回我部。

　　来信写明稿号(86)5279

此致

敬礼

贡昌先生《婺州古瓷》手稿

考古编辑部回执贡昌先生手稿

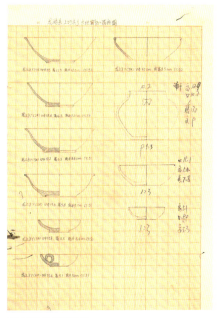

贡昌先生手绘器物图

制婺州之器

　　婺州窑地区至今发现最早的窑址是兰溪商周时期的皂洞口窑址。武义姚产与管湖窑址的发现证明了东汉时期婺州窑已可烧制成熟瓷器。至元代，每一个时代的典型窑址均已发现。其所制之器，主要为日用品，以青瓷为主，兼烧乳浊釉、褐釉、彩绘、黑釉、酱釉等瓷器，囊括品类丰富，涉及种类广泛。

兰溪皂洞口窑

　　皂洞口窑为商周时期窑址，位于兰溪市南部马达镇。器形主要有豆、三足盘、长颈罐等，均为印纹硬陶。青灰色胎为主，胎质较硬，夹杂黑斑，外腹一般通体拍印纹饰，常有自然形成的落灰釉。烧制方式主要为扣烧和叠烧。

　　兰溪皂洞口窑址是婺州窑地区迄今发现年代最早的窑址，证明了早在商周时期该地就开始烧制硬陶，与汉代烧制出成熟瓷器的婺州窑一脉相承。

印纹硬陶片

西周
兰溪市皂洞口村出土
兰溪市博物馆藏

龙游白羊垅窑

　　白羊垅窑为东汉时期窑址，位于龙游县龙游镇横路村。出土遗物以硬陶为主，偶见釉陶。器形有罐、坛、罍、壶、锺、钵、盆等。多数使用轮制法制作，少数采用泥条盘筑法。胎泥陶洗粗糙，含杂质较多，器物表面粗糙。印纹手工拍印，部分釉质已接近青釉釉质。窑具有两足垫座、垫饼和支柱。烧制方式为单烧，无叠烧。

　　该窑址是东汉中期面向大众的普通窑场，为婺州地区在烧制釉陶向烧制成熟瓷器的过渡阶段提供了实证。

弦纹双耳硬陶筒腹罐
东汉
高20.4厘米，口径16.6厘米，底径13厘米
2004年龙游县横路村白洋垅窑址出土
浙江省文物考古研究所藏

弦纹硬陶筒腹罐
东汉
高28.1厘米，口径22.8厘米，腹径23厘米，底径16.5厘米
2004年龙游县横路村白洋垅窑址出土
浙江省文物考古研究所藏

双耳硬陶罐

东汉

高20.2厘米，最大口径19.5厘米，腹径19.5厘米，底径9厘米

2004年龙游县横路村白洋垅窑址出土

浙江省文物考古研究所藏

弦纹双耳硬陶罐

东汉

高32.8厘米，口径21.8厘米，腹径29.4厘米，底径13.6厘米

2004年龙游县横路村白洋垅窑址出土

浙江省文物考古研究所藏

武义管湖窑

　　管湖窑为东汉至三国时期窑址，位于武义县芦北乡管湖村东。器形以碗、盏为主，罐次之，盘口壶、筒腹罐、鼎等又次之。釉色以青为主，兼烧褐色釉瓷。另外还发现了大型硬陶器物。

　　胎土粉碎欠细，淘洗欠精，烧成后虽灰白色或浅灰色，但露胎处呈淡紫色。小碗类产品多采用快轮拉坯，壶罐类采用轮制，鼎类产品多采用泥条盘筑，所有产品都修整规整，胎体光洁。釉料采用石灰釉，硬度大，透明度高。坯体上多有刻划或拍印的纹饰。

　　该窑址是婺州窑地区迄今发现年代最早的成熟青瓷窑址，证明婺州窑早在三国时期或更早就已烧制青瓷。对于探索婺州窑成熟瓷器的起源具有重要意义。

青瓷残片

东汉
高13厘米，宽11厘米
武义管湖窑址采集
陶然居藏

青瓷残片

东汉
高17厘米，宽12厘米
武义管湖窑址采集
陶然居藏

青瓷残片

东汉
高12厘米，宽13厘米
武义管湖窑址采集
陶然居藏

青瓷残片

东汉
高10厘米，宽13厘米
武义管湖窑址采集
陶然居藏

青瓷残片

东汉
武义管湖窑址采集
陶然居藏

金华汉灶窑

　　汉灶窑为唐代窑址，位于金华市婺城区雅畈镇汉灶村。产品有碗、盏、盘、洗、钵、罐、执壶、水注等。碗多宽圈足和玉璧足，部分产品施化妆土，青釉，部分施绘褐斑装饰，兼烧褐瓷。地表采集有碗、缸、瓶、灯盏、水注等，胎质较粗，釉色青中泛灰黄色，施釉不到底，多素面。窑具有匣钵、垫圈等。

　　汉灶窑是婺州窑在唐时的典型窑址，出土的青瓷茶碗制作精美，或正是唐代陆羽在《茶经》中所述位列第三的青瓷茶碗。

青瓷碗

唐
高6厘米，口径15.5厘米，底径7厘米
金华市婺城区雅畈镇汉灶窑址采集
金华市博物馆藏

青瓷碗残片

唐
金华市婺城区雅畈镇汉灶窑址采集
金华市博物馆藏

江西玉山渎口窑

渎口窑为晚唐至北宋窑址，位于江西省上饶市玉山县渎口村东。

出土陶瓷片数十万件，瓷器占99.47%，陶器占0.53%，陶器均为窑具。瓷器以青瓷为主，部分酱釉，胎多灰白或铁灰色，也有少量土红色、黄褐色、灰黄色胎，质坚而粗。器物可分为生活用具、生产工具、陈设瓷、雕塑瓷、明器、窑具等。窑具有支烧垫具、钵形垫具、桶形垫具等。产品以轮制为主，器物的附件和零部件等用单模、分模，或手工捏制而成。个别器形还运用雕刻、镂空、堆塑、范模等方法。烧制方式均为裸烧，不见匣钵，普遍为叠烧。

渎口窑是婺州窑系迄今发现地处最西的一处窑址。它的发现，将婺州窑唐宋时期的分布范围扩展至金衢盆地的外缘。

青瓷双系壶

北宋
高14.5厘米，口径8.9厘米，底径5.9厘米
江西玉山渎口窑出土
玉山县博物馆藏

青瓷宽口长颈壶

北宋
高15厘米，口径8.1厘米，底径6.3厘米
江西玉山渎口窑出土
玉山县博物馆藏

酱釉瓷钵

北宋
高12厘米，口径21.1厘米，底径6.7厘米
江西玉山渎口窑出土
玉山县博物馆藏

青瓷侈口碗

北宋
高6.3厘米，口径17.6厘米，底径6.4厘米
江西玉山渎口窑出土
玉山县博物馆藏

青瓷内凹足盘

北宋
高3.6厘米，口径15厘米，底径6.4厘米
江西玉山渎口窑出土
玉山县博物馆藏

青瓷刻花菊花纹碗

北宋
高4厘米，口径14.1厘米，底径5.5厘米
江西玉山渎口窑出土
玉山县博物馆藏

武义陈大塘坑窑址群

陈大塘坑窑位于武义县泉溪镇阳丰村，共发现窑址8处。

蜈蚣形山窑址，出土瓷器皆青釉，产品质量高超。时代为晚唐至北宋中晚期。

乌石岗脚窑址，时代为元代。出土瓷器有青釉瓷、酱黄釉瓷、乳浊釉瓷、灰白浊釉瓷等。

缸口窑窑址，时代为北宋中期至南宋早期。产品有青釉瓷和窑变釉瓷两大类，以碗、盏、盘为主，有少许精品瓷。

叶李坑窑址，有青釉瓷、酱黑釉瓷、酱黄釉瓷、乳光釉瓷、灰白浊釉瓷和无釉素烧瓷六大类，年代为南宋晚期至元代早期。

陈大塘坑窑址群的发掘，展示了婺州窑工艺的多样，体现了其强烈的接纳性和融合性。

青瓷莲瓣碗残片

宋

直径14厘米

武义陈大塘坑窑址出土

浙江省文物考古研究所藏

灯形垫具

宋

高8厘米，口径10厘米，底径7厘米

武义陈大塘坑窑址出土

浙江省文物考古研究所藏

青瓷酒台残件

宋

高3.5厘米，直径12.5厘米

武义陈大塘坑窑址出土

浙江省文物考古研究所藏

"姚"字铭青瓷碗残片

宋

高4厘米，直径11.5厘米，底径6.5厘米

武义陈大塘坑窑址出土

浙江省文物考古研究所藏

窑变釉瓷盏残件

宋

高6.5厘米，直径11厘米

武义陈大塘坑窑址出土

浙江省文物考古研究所藏

黑釉瓷瓶残件

宋

高15厘米，直径8厘米，底径5.5厘米

武义陈大塘坑窑址出土

浙江省文物考古研究所藏

青瓷罐残件

宋

高10厘米，底径7厘米

武义陈大塘坑窑址出土

浙江省文物考古研究所藏

青瓷碗残件

宋

高7厘米，直径17厘米，足径5厘米

武义陈大塘坑窑址出土

浙江省文物考古研究所藏

青瓷碗残件

宋

高7厘米，直径16厘米，底径5厘米

武义陈大塘坑窑址出土

浙江省文物考古研究所藏

青瓷碗残件

宋
高7厘米，足径5厘米
武义陈大塘坑窑址出土
浙江省文物考古研究所藏

青瓷罐残件

宋
高9.5厘米，口径10厘米
武义陈大塘坑窑址出土
浙江省文物考古研究所藏

东阳葛府窑址群

　　葛府窑址群是北宋时期窑址群，位于东阳市南马镇葛府村至东庄村。其中的伏虎山窑址已发掘，出土器物主要为青瓷，釉色多为青绿、青黄，胎质细腻。器形有碗、盘、盏、钵、执壶等。窑具有匣钵、垫具和支具。

　　葛府窑址群是婺州窑在北宋时期重要的青瓷窑场，代表了婺州窑在北宋时期青瓷烧制工艺的最高水平，出产的青瓷足以与同期越窑中心产地的制品媲美。

碗形匣钵残件

北宋
高7.4厘米，口径12.3厘米，底径5.7厘米
东阳葛府伏虎山窑址采集
东阳市博物馆藏

匣钵残件

北宋
高8.5厘米，口径19.4厘米，底径21.2厘米
东阳葛府伏虎山窑址采集
东阳市博物馆藏

灯形垫具

北宋
高11.5厘米，口径8.5厘米，底径6.6厘米
东阳葛府伏虎山窑址采集
东阳市博物馆藏

喇叭形垫具

北宋
高4.7厘米，口径6厘米，底径7.8厘米
东阳葛府伏虎山窑址采集
东阳市博物馆藏

青瓷素面碗

北宋
高7厘米，口径14.1厘米，底径6.4厘米
东阳葛府伏虎山窑址采集
东阳市博物馆藏

青瓷莲瓣碗残件

北宋
高8.5厘米，口径14.2厘米，底径7.2厘米
东阳葛府伏虎山窑址采集
东阳市博物馆藏

青瓷葵口碗残件

北宋
高6.4厘米，口径12.8厘米，底径5.4厘米
东阳葛府伏虎山窑址采集
东阳市博物馆藏

青瓷缠枝花卉盘残片

北宋
高2.7厘米，底径6.4厘米
东阳葛府伏虎山窑址采集
东阳市博物馆藏

青瓷粉盒盖残片

北宋
高2.5厘米，直径12.5厘米
东阳葛府伏虎山窑址采集
东阳市博物馆藏

青瓷四系罐残片

北宋
高6.5厘米，口径10.9厘米
东阳葛府伏虎山窑址采集
东阳市博物馆藏

青瓷执壶残件

北宋
高20厘米，口径12.5厘米，腹径17.1厘米，底径8厘米
东阳葛府伏虎山窑址采集
东阳市博物馆藏

武义蜈蚣形山窑

蜈蚣形山窑为南宋时期窑址，位于武义县熟溪街道蜈蚣形村西北。标本主要有青瓷和黑瓷两类，部分施有乳浊釉。青瓷器形多为瓶、碗；黑瓷器形多为碗、盘。窑具有匣钵、垫饼。青瓷的装饰工艺有刻花、划花等。

蜈蚣形山窑所产的黑釉瓷盏，其精美程度足以与建窑、吉州窑的黑釉盏媲美。它的发现，证明婺州窑已掌握高超的黑釉瓷器制作工艺。

黑瓷茶碗

南宋
高5厘米，口径19厘米，底径4厘米
武义蜈蚣形山窑址采集
金华市博物馆藏

青瓷碗残片

南宋
武义蜈蚣形山窑址采集
金华市博物馆藏

金华铁店窑

铁店窑为宋元时期窑址，位于金华市琅琊镇铁店村。窑址工艺类型至少包括3种：北宋中期的仿越窑系青瓷、北宋晚期的仿龙泉窑系青瓷和元代乳浊釉系青瓷。

铁店村西南窑址以烧造乳浊釉产品为主，器形主要有碗、高柄杯、盏、鼓钉洗、鬲式炉及瓶。胎色一般呈暗紫色或深灰色，部分呈灰色，露胎部分呈淡紫红色。釉色呈天青、月白色。装饰手法有捏压、模印、划纹等。均为拉坯轮制。烧造方法采用叠烧。窑具仅见垫具、垫圈。

铁店窑涵盖了乳浊釉系青瓷、越窑系青瓷、龙泉窑系青瓷等多种陶瓷工艺类型，充分体现了婺州窑系博采众长、兼容并蓄的特征。

乳浊釉瓷鼓钉洗

元
高6.9厘米，口径18.6厘米，底径7.8厘米
金华市琅琊镇铁店窑采集
金华市博物馆藏

乳浊釉瓷花盆

元

高15.9厘米，口径20厘米，底径9厘米

金华市琅琊镇铁店窑采集

金华市博物馆藏

乳浊釉瓷高足杯

元

高11.1厘米，口径10.6厘米，足径6厘米，足高5.8厘米

金华市琅琊镇铁店窑采集

金华市博物馆藏

乳浊釉瓷鬲式炉

元
高10.5厘米，口径13.9厘米，腹径13.5厘米，足高3厘米
金华市琅琊镇铁店窑采集
金华市博物馆藏

乳浊釉瓷带流壶残件

元
高28.1厘米，口径7厘米，腹径16.6厘米，底径9.9厘米
金华市琅琊镇铁店窑采集
金华市博物馆藏

乳浊釉瓷瓶残件

元
高10.8厘米，底径5.6厘米
金华市琅琊镇铁店窑采集
金华市博物馆藏

衢州两弓塘窑址群

两弓塘窑址群属于元代窑址，位于衢州市衢江区全旺镇官塘村。出土器物多为盆、钵、罐、壶、瓶、碗、器盖等。可分为单色釉粗瓷和绘彩瓷两类。绘彩瓷器物以瓶、盘为主，胎质较细，制作较精。器物大部分裸烧，并采取叠烧、套烧法。窑具仅发现垫柱。

绘彩瓷器在其他地区均有许多发现，但在浙江尚属首次。两弓塘窑址的发现不仅展现了婺州窑系文化面貌的多元性，也丰富了浙江陶瓷文化的种类与内涵。

绘彩瓷双系罐残件

元
高10.6厘米，口径10.5厘米，底径6.9厘米
衢州衢江区全旺镇两弓塘窑址采集
衢江区文保所藏

绘彩瓷双系执壶残件

元
高19厘米，口径9.5厘米，底径9.6厘米
衢州衢江区全旺镇两弓塘窑址采集
衢江区文保所藏

绘彩瓷执壶残件

宋
高22.5厘米，口径7厘米，底径8.5厘米
衢州衢江区全旺镇两弓塘窑址采集
衢江区文保所藏

绘彩瓷钵

元
高6厘米，口径16.5厘米，底径11厘米
衢州衢江区全旺镇两弓塘窑址采集
衢江区文保所藏

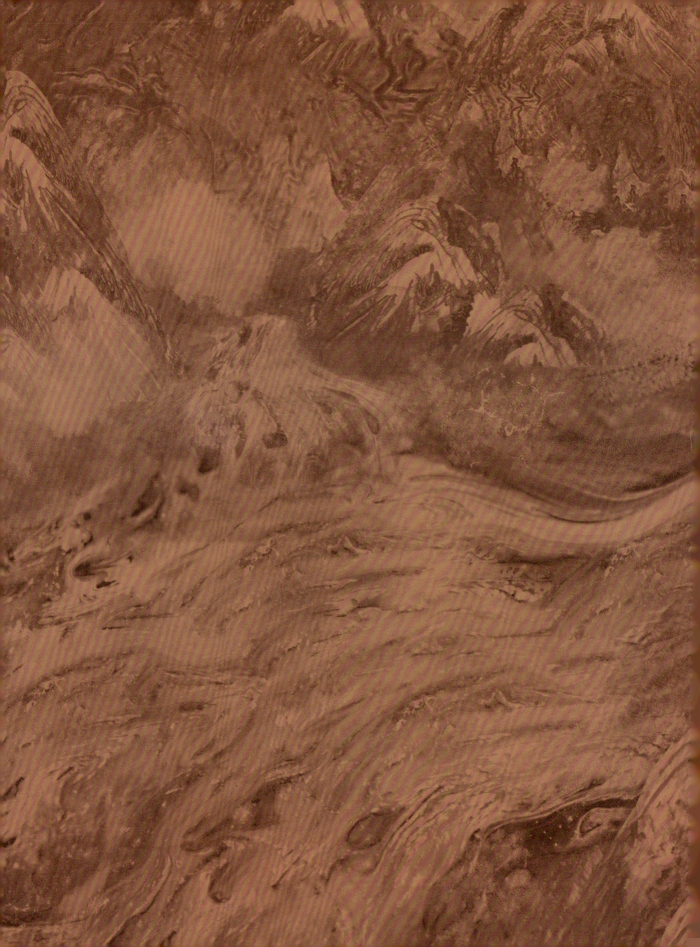

器以映乐土

初生如光明照耀，
永生似黎明重现。
于日常之器感悟人生有常，
于非常之器体味人生无常。
在胎釉的致密结合中，
隐藏着跳动的历史细节；
在星辰般的碎片里，
闪烁着先民耕耘的辛勤。
精艺纳八方，
佳器行四海。
彼岸是日夜渴望的远方，
此处是生生不息的故乡。
这是孕育婺州窑的故土，
也是婺州先民的乐土。

日常与非常

日常之器，日日相守，朝暮相伴；
非常之器，黄泉相见，永生相随。
人生有常，世事无常。
于日常之器感悟人生有常，
于非常之器体味人生无常。
有常与无常在时间与空间中轮转，
唯有婺州窑器，历久恒常。

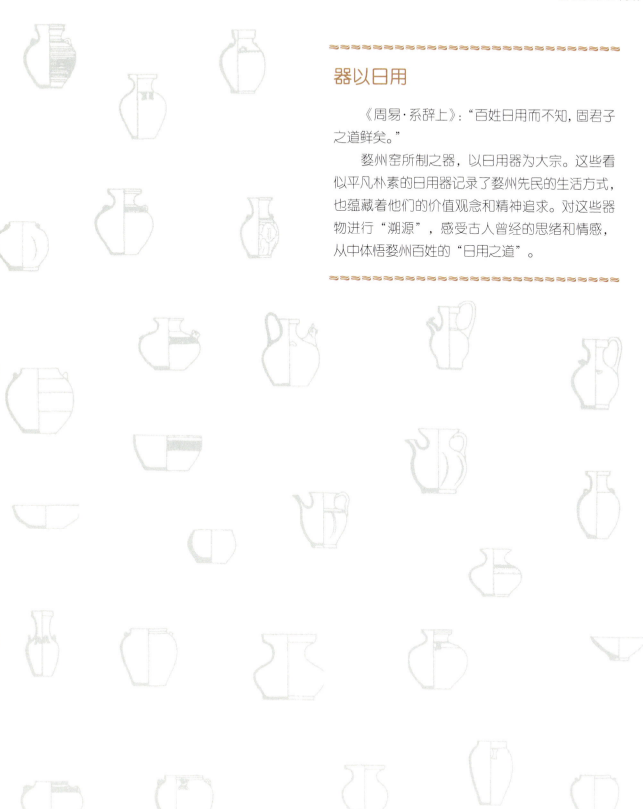

器以日用

《周易·系辞上》：“百姓日用而不知，固君子之道鲜矣。”

婺州窑所制之器，以日用器为大宗。这些看似平凡朴素的日用器记录了婺州先民的生活方式，也蕴藏着他们的价值观念和精神追求。对这些器物进行“溯源”，感受古人曾经的思绪和情感，从中体悟婺州百姓的“日用之道”。

盘口壶

提壶接宾侣，引满更献酬；未知从今去，当复如此不？

——东晋·陶渊明《游斜川》

盘口壶因口部形似盘而得名，主要流行于东汉至五代的南方地区。唐末五代，盘口变为喇叭口，渐趋消亡。盘口壶日常作为盛装酒类等液体的容器，也作为明器，盛装谷物随葬。

婺州窑所产的盘口壶除青釉外，以青釉褐斑、褐釉为特色。

婺州窑青瓷弦纹双系盘口壶

东汉
高24厘米，口径9.3厘米，腹径19厘米，底径8.5厘米
金华市博物馆藏

婺州窑青瓷双复系盘口壶

西晋
高24厘米，口径13.6厘米，腹径20.4厘米，底径10.4厘米
2002年龙游县庙下乡遂乐村毛栗坪送交
龙游县博物馆藏

婺州窑青瓷点彩双系盘口壶

东晋
高22.1厘米，口径12厘米，底径10厘米
金华市罗埠镇山下陈村出土
金华市博物馆藏

婺州窑青瓷双复系盘口壶

东晋

高32厘米，口径15.6厘米，腹径25厘米，底径11.7厘米

金华市汤溪镇中戴村出土

金华市博物馆藏

婺州窑青瓷褐斑四系盘口壶

唐

高38厘米，口径14.4厘米，腹径30.4厘米，底径11.4厘米

龙游县博物馆藏

婺州窑青瓷双复系盘口壶
唐
高45.1厘米，口径16.8厘米，腹径29.5厘米，底径12厘米
金华市原曹宅公社梅西塘大队出土
金华市博物馆藏

婺州窑褐釉瓷四系盘口壶（带碗）
唐
高45.3厘米，口径15.2厘米，腹径26厘米，底径12.4厘米
1983年衢州衢江区王家出土
衢州市博物馆藏

婺州窑青瓷褐彩四系盘口壶

唐
高18.1厘米，口径7.1厘米，腹径12.4厘米，底径7.2厘米
江山市双塔街道黄陈岗出土
江山市博物馆藏

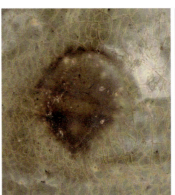

鸡首壶

佳人一壶酒，秋容满千里。石马卧新烟，忧来何所似。

——唐·李贺《追和何谢铜雀妓》

鸡首壶，因在壶或罐的肩部装饰鸡头而得名，另有鹰首壶、鸡头罐、天鸡壶、鸡壶、鸡樽或龙凤壶等不同称谓。出现于三国东吴时期，初唐逐渐退出历史舞台，盛唐时只存在若干具象征性的作品，之后被执壶取代。除鸡首壶之外，东晋也流行羊首壶，数量较少，其功能作用与鸡首壶基本一致。

鸡首壶的用途尚需探讨。多数鸡头与壶身不通，仅具装饰意义；亦有相通者，可倾注，可能具有民俗祭祀的功能。目前虽无法确认其在日常生活中是否可以使用，即不能排除鸡头作为一种辟邪的装饰，然而可以肯定的是，其于墓圹中并非"备物而不可用"的狭义明器。

婺州窑青瓷鸡首壶

西晋
高21厘米，口径8.2厘米，腹径11.8厘米，底径10.6厘米
1985年浦江城东东山岭头出土
浦江博物馆藏

婺州窑青瓷鸡首壶

东晋
高24厘米，口径6.5厘米，腹径18.8厘米，底径11.8厘米
廖建生捐赠
金华市博物馆藏

婺州窑青瓷点彩鸡首壶

东晋
高23.9厘米，口径8厘米，腹径19.5厘米，底径11.8厘米
金华市博物馆藏

婺州窑青瓷点彩羊首壶

东晋
高23.5厘米，口径7.5厘米，腹径19.5厘米，底径10.3厘米
1970年金华古方陶器厂出土
金华市博物馆藏

婺州窑青瓷龙柄鸡首壶残件

南朝
高15.6厘米，口径5.8厘米，腹径10厘米，底径6.9厘米
金华市博物馆藏

婺州窑青瓷点彩鸡首壶

南朝
高27厘米，口径12厘米，腹径17厘米，底径10厘米
邵文礼捐赠
金华市博物馆藏

婺州窑青瓷鸡首壶

隋
高16.8厘米，口径6.2厘米，底径6厘米
1978年义乌县平畴公社白莲塘村出土
义乌市博物馆藏

婺州窑青瓷褐彩鸡首壶残件

隋
高17.9厘米，口径5.8厘米，腹径10.2厘米，底径6厘米
江山市双塔街道大夫弟村出土
江山市博物馆藏

执壶

元和初，酌酒犹用樽杓……居无何，稍用注子，其形若罂，而盖、嘴、柄皆具。
太和九年后，中贵人恶其名同郑注，乃去柄安系，若茗瓶而小异，目之曰"偏提"。

——唐·李匡义《资暇集》

执壶，又称注子、注壶、偏提。注子之名始见于唐，流行于唐中期至宋代。形制
为敞口、溜肩、弧腹、平底或圈足，肩腹部置流口，另一侧置把柄。唐代瓷执壶用作
茶具或酒具。做茶具者叫茶瓶、茗瓶、饮瓶，是宋代饮茶器具汤瓶的早期形态；做酒
具者称酒瓶或酒注子，多和注碗（温碗）搭配使用。

婺州窑青瓷双系褐彩执壶

唐
高13.5厘米，口径5.5厘米，腹径10.1厘米，底径5.8厘米
1977年武义县项店公社出土
武义县博物馆藏

婺州窑青瓷褐彩执壶

唐
高22.3厘米，口径11.5厘米，腹径12.5厘米，底径8.5厘米
东阳市博物馆藏

婺州窑褐釉瓷双系执壶

唐
高18厘米，腹径8厘米，底径6厘米
李林炎捐赠
金华市博物馆藏

婺州窑青瓷刻花带盖执壶

五代—北宋
高16.5厘米，口径3.3厘米，底径6.9厘米
义乌湖门分社出土
义乌市博物馆藏

婺州窑青瓷莲瓣执壶

北宋
高22.7厘米，口径8.6厘米，腹径17.4厘米，底径9.6厘米
1971年兰溪市水阁乡嵩山窑出土
兰溪市博物馆藏

婺州窑青瓷瓜棱执壶

北宋
高15厘米，口径10.6厘米，腹径14.2厘米，底径7厘米
1972年兰溪蜀山西塘下后山坞里出土
兰溪市博物馆藏

婺州窑褐釉瓷执壶

宋
高18厘米，口径5厘米，最大腹径9厘米，底径7厘米
婺州古瓷馆藏

◆ 碗、钵、盏

茶碗嫩汤初得乳，香篝微火未成灰。——南宋·陆游《五月十一日睡起》

碗，是人们日常生活所需的饮食器皿，也是古代使用最广泛的器物。新石器时期就已出现，沿用至今。钵为碗的一种，在功能和造型上相似，单独命名或与佛教有关。

盏，又称杯，一种盛饮品或其他液体的器具。唐代时称作茶碗、茶瓯，宋代被称作盏。随着饮酒、饮茶之风盛行，盏逐渐从饮食器大类中分离，作为专门饮茶饮酒的器具。

碗的产量为婺州窑产品之最，在众多窑址的保有量也最大。南朝的莲瓣碗、唐代的折腹碗、葵口碗，宋代的双面刻划花碗，是各时期婺州窑碗类典型器。

婺州窑青瓷碗

三国
高5.4厘米，口径14.2厘米，底径7.2厘米
1976年金华古方砖瓦厂M12出土
金华市博物馆藏

婺州窑青瓷碗

三国
高3.3厘米，口径9厘米，底径4.5厘米
1976年金华古方砖瓦厂M12出土
金华市博物馆藏

婺州窑青瓷碗

西晋
高3.5厘米，口径9.8厘米，底径5厘米
金华古方砖瓦厂西晋墓M25出土
金华市博物馆藏

婺州窑青瓷莲瓣碗

南朝
高7厘米，口径13.4厘米，腹径12.8厘米，足径6.1厘米
1977年兰溪市永昌朱村胡琴岗出土
兰溪市博物馆藏

婺州窑青瓷褐彩折腹碗

唐
高5厘米，口径11.3厘米，底径5.5厘米
1980年武义泉溪镇苏角山背出土
武义县博物馆藏

婺州窑青瓷碗

唐
高7.1厘米，口径19厘米，底径7.3厘米
金东区文物监察大队移交
金华市博物馆藏

婺州窑青瓷褐彩折腹碗

唐
高6厘米，口径17.5厘米，底径9.6厘米
1978年江山市贺村公社坪里出土
江山市博物馆藏

婺州窑青瓷碗

唐
高6.1厘米，口径20.2厘米，底径10.1厘米
永康中学出土
金华市博物馆藏

婺州窑青瓷褐彩折腹碗

唐
高6厘米，口径9.7厘米，底径4.6厘米
武义县博物馆藏

婺州窑青瓷褐彩碗

隋—唐
高5.7厘米，口径14.6厘米，底径8厘米
金华市博物馆藏

婺州窑青瓷四瓣碗

唐
高4.4厘米，口径16.2厘米，底径7.3厘米
金华市博物馆藏

婺州窑青瓷碗

唐
高6厘米，口径16.1厘米，腹径15.7厘米，底径6.5厘米
兰溪市永昌镇朱村永徽二年墓出土
兰溪市博物馆藏

婺州窑青瓷折腹碗

唐
高6.8厘米，口径15.8厘米，底径7.4厘米
1983年东阳上卢清塘坞西山头出土
东阳市博物馆藏

婺州窑青瓷碗

唐
高5.6厘米，口径17.1厘米，底径6.2厘米
1982年东阳市象岗下岑口出土
东阳市博物馆藏

婺州窑青瓷盏托

五代
高7.4厘米，口径8.6厘米，足径8.3厘米
1963年东阳市南寺塔出土
东阳市博物馆藏

婺州窑青瓷酒台

五代
高4厘米，口径13厘米，托径5.3厘米
金华市博物馆藏

婺州窑青瓷葵口碗
宋
高4.1厘米，口径14厘米，底径5.8厘米
金华市博物馆藏

婺州窑青瓷刻花碗
北宋
高7.3厘米，口径17厘米，足径4.9厘米
1983年浦江县浦阳镇西街出土
浦江博物馆藏

婺州窑青瓷刻花碗

北宋
高4.6厘米，口径11.4厘米，足径3.8厘米
1990年东阳市公安局移交
东阳市博物馆藏

婺州窑青瓷内圈碗

宋
高8.6厘米，口径14厘米，足径6.6厘米
1978年金狮岭出土
浦江博物馆藏

婺州窑青瓷葵口碗

宋
高5.5厘米，口径11.6厘米，足径5.1厘米
1992年出土
磐安县文物保护所藏

婺州窑乳浊釉瓷碗

南宋
高11.8厘米，口径24.6厘米，足径8.7厘米
1991年东塘乡骆金宝上交
义乌市博物馆藏

婺州窑乳浊釉瓷茶盏

元
高5厘米，口径10厘米，足径4.3厘米
古越轩藏

罐

柳棒凉罐汲泉遥，味苦仍咸似海潮。却忆径山龙井水，一杯洗眼洞层霄。

——宋·范成大《固城》

罐是我国古代普遍使用，并沿用至今的日常生活用器。大约万年前就已经出现罐形的器物，基本呈小口、大腹状，也是后世许多器物的雏形。后又发展出大口罐、折腹罐、带耳罐、带系罐等，主要作为液体或粮食等的盛器或储存器。

罐也是婺州窑生产的主要器形之一，创烧初期就开始出现，初期以实用器为主，之后在罐的基础上堆塑内容作为明器，成为婺州窑地区的特色随葬品。

婺州窑青瓷四系罐

三国
高7.2厘米，口径6.5厘米，腹径11.6厘米
1976年金华古方砖瓦厂M12出土
金华市博物馆藏

婺州窑青瓷四系罐

晋

高18厘米，口径12.2厘米，腹径19.9厘米，底径14.4厘米

1960年金华市乾西乡下张都村出土

金华市博物馆藏

婺州窑青瓷褐彩四系罐

东晋

高18.8厘米，口径12.6厘米，底径11厘米

金华市博物馆藏

婺州窑青瓷褐斑双系罐

唐

高17.4厘米，口径16.8厘米，腹径23.2厘米，底径10厘米

龙游县湖镇镇塘下村张雪发捐赠

龙游县博物馆藏

婺州窑青瓷褐彩双系罐

唐

高12.6厘米，口径9.1厘米，腹径12.6厘米，底径7.3厘米

1974年武义县源口水库出土

武义县博物馆藏

婺州窑青瓷瓜棱罐

五代

高9.1厘米，口径7.9厘米，底径5.5厘米

东阳市博物馆藏

婺州窑青瓷四系罐
宋
高12.5厘米，口径10厘米，腹径14.2厘米，底径6.5厘米
金华市博物馆藏

婺州窑乳浊釉瓷带盖罐
元
高12.5厘米，腹径11.7厘米
1991年采集
磐安县文物保护所藏

婺州窑乳浊釉瓷四系罐

元
高23.4厘米，口径7.1厘米，腹径16.9厘米，底径6.9厘米
黄志光捐赠
金华市博物馆藏

婺州窑彩绘瓷双系罐

元
高19.8厘米，口径13厘米，底径10.5厘米
胡艺潇捐赠
金华市博物馆藏

◆ 盒

子规啼梦罗窗晓，开奁拂镜严妆早。彩碧画丁香，背垂裙带长。

——宋·贺铸《菩萨蛮（十一之七）》

盒又称"香盒"或"黛盒"，功能多样，用以盛放香料、茶叶、镜子以及梳妆用粉或用油等。其历史可追溯至秦汉时期的妆奁。唐以后，盒渐渐从妆奁中脱离，材质变得更广泛，出现了金银和瓷质盒。宋时，瓷质盒也被称为"合子"，是家家户户必备的生活用品之一。由于庞大的市场需求，瓷盒在唐宋时期包括婺州窑、景德镇窑、龙泉窑在内的各窑口均有烧造，并有青瓷、白瓷、影青瓷等不同的品种。

婺州窑青瓷粉盒
唐
高6厘米，口径7.8厘米，底径4.2厘米
义乌市博物馆藏

婺州窑青瓷瓜棱粉盒
宋
高4.3厘米，口径6.6厘米，腹径7.6厘米，底径3.3厘米
1982年东阳巍山红朱山砖瓦厂出土
东阳市博物馆藏

婺州窑青瓷摩羯纹粉盒

北宋
高5.8厘米，口径16.5厘米，底径9.5厘米
1978年永康市桥下乡溪边颜村出土
永康市博物馆藏

婺州窑青瓷石榴形盖盒

宋
高6.2厘米，口径8.4厘米，腹径6.2厘米，底径4.6厘米
1980年武义县徐村公社古竹大队出土
武义县博物馆藏

婺州窑青瓷草叶纹粉盒

宋

高4.5厘米，直径9.7厘米

婺州古瓷馆藏

婺州窑青瓷刻花粉盒

宋

高4厘米，直径12.5厘米

婺州古瓷馆藏

灯具

发翠斜溪里，蓄宝宕山峰。抽茎类仙掌，衔光似烛龙。飞蛾再三绕，轻花四五重。孤对相思夕，空照舞衣缝。

——南北朝·谢朓《杂咏三首·灯》

我国用烛照明的历史悠久，秦汉时期已有各式精致的铜烛台。进入魏晋南北朝时期，瓷灯具开始成为主流。隋唐时期的灯具已经趋于世俗化，瓷质灯具依然是主要灯具类型，并成为祭祀和喜庆活动中不可缺少的用品。

婺州窑曾大量生产瓷质灯具，尤以魏晋时期的狮形烛插而闻名。

婺州窑青瓷狮形烛插

西晋
高13.4厘米，口径3.3厘米，身长17.5厘米
1970年金华罗埠镇山下陈村出土
金华市博物馆藏

婺州窑青瓷狮形烛插

晋

头高7.5厘米，身长11.5厘米，尾高4厘米

1980年浦江县金狮岭出土

浦江博物馆藏

婺州窑青瓷狮形烛插

东晋

高9厘米，身长13.7厘米

1981年义乌尚经乡罗店村东晋义熙十年墓出土

义乌市博物馆藏

婺州窑青瓷褐彩灯

南朝
高13.5厘米，口径8.6厘米，底径8.5厘米
金华市博物馆藏

婺州窑青瓷灯盏

隋
高4厘米，口径10.1厘米，底径4.8厘米
1990年义乌车站路立交桥工地出土
义乌市博物馆藏

婺州窑青瓷灯盏

唐
高5厘米，口径13.9厘米，底径4.9厘米
金华市博物馆藏

熏炉

博山香重欲成云，锦段机丝妒鄂君。粉蝶团飞花转影，彩鸳双泳水生纹。

——唐·温庭筠《博山》

熏炉又称香炉、香笼、熏笼。我国自古以来就有焚香熏香的风俗。焚香以祈祝神，燃香以驱秽。熏炉形式多样，材质有金属、陶瓷等。

婺州窑青瓷双系熏炉

西晋
高11厘米，口径10.4厘米，底径9.8厘米
金华市博物馆藏

婺州窑青瓷双系熏炉

西晋
高6.5厘米，口径8.7厘米，底径6.5厘米
1990年义乌市平畴乡江干村出土
义乌市博物馆藏

砚

　　圆池类璧水，轻翰染烟华。将军欲定远，见弃不应赊。——唐·杨师道《咏砚》

　　砚为文房四宝之一，原始的砚只是一块比较平整的河光石，故《说文》将"砚"解释为"石滑也"。已知最早的砚出土于湖北云梦睡虎地秦墓。晋代流行瓷砚，初为圆形三足，形制大体沿袭汉代圆砚，南北朝时的瓷圆砚下部附一圈柱足，又被称作辟雍砚，唐时辟雍砚仍常见。

婺州窑青瓷三足砚

西晋
高7厘米，直径24.4厘米
东阳市博物馆藏

婺州窑青瓷三足砚

东晋
高4.3厘米，口径11.1厘米，腹径12.6厘米，足径1.7厘米
1978年兰溪市永昌孔塘出土
兰溪市博物馆藏

婺州窑青瓷三足砚

东晋
高5.5厘米，口径16.6厘米，底径16.3厘米
1975年金华湖镇洪畈水库出土
金华市博物馆藏

婺州窑褐釉瓷辟雍砚

南朝
高7厘米，口径19厘米，底径19厘米
2002年龙游庙下乡遂乐村张志明送交
龙游县博物馆藏

婺州窑青瓷辟雍砚

唐
高5.7厘米，口径15厘米，底径17.5厘米
1999年东阳市歌山镇尚侃村石塘坟出土
东阳市博物馆藏

水盂

晨起则磨墨，汁盈砚池，以供一日用，墨尽复磨，故有水盂。

——宋·赵希鹄《洞天清录》

水盂有文房"第五宝"之称，用于给砚池添水。又称水盛、水丞。通常为小口、鼓腹、平底。兴自汉代，为石制或玉制。定型于三国两晋南北朝时期，此时水盂的造型为圆管形口、溜肩、鼓腹或圆唇、扁鼓腹，亦有蛙式等象生形，多为瓷制。唐宋水盂的形制承袭前朝，基本无大变化。

婺州窑青瓷水盂

西晋
高6.6厘米，口径4.6厘米，腹径11.6厘米，底径6.6厘米
金华市博物馆藏

婺州窑青瓷蛙纹水盂

西晋

高7.2厘米，口径2.2厘米，腹径9.9厘米，底径5厘米

1976年金华古方砖瓦厂M25出土

金华市博物馆藏

婺州窑青瓷褐彩蛙纹水盂

东晋
高5厘米，口径4厘米，腹径9厘米，底径6厘米
1978年永康城内化肥厂出土
永康市博物馆藏

婺州窑青瓷蛙纹水盂

东晋
高4.5厘米，口径4.2厘米，腹径8.3厘米，底径3.2厘米
金华市博物馆藏

婺州窑青瓷褐彩蛙纹水盂

东晋
高4.1厘米，口径3.6厘米，腹径8.2厘米，底径4.6厘米
1981年兰溪市永昌乡孔塘村满塘岗出土
兰溪市博物馆藏

婺州窑青瓷羊形水注

东晋
高14.6厘米，长15.4厘米，宽9.7厘米
1976年金华古方砖瓦厂东晋墓M2出土
金华市博物馆藏

婺州窑褐釉瓷水盂

唐
高7.3厘米，口径4.5厘米，腹径9.5厘米，底径4.5厘米
金华市博物馆藏

◤ 唾壶

魏武帝《上杂物疏》曰：御杂物用有磁图唾壶一枚，漆圆油唾壶四枚。贵人有纯银参带唾壶三十枚。

——《太平御览·服用部·卷五》

唾壶亦称唾盂，造型多为敞口或盘口、短颈、圆腹，或圈足或平底。是古人用以承接漱口水、唾沫、痰等唾吐物的卫生器具，主要流行于三国至中唐时期。

亦有观点认为该类器物不是卫生用具，而应该是一种酒器，常与瓶、壶、罐、杯、盏等配合使用，主要的功能是用于斟酒，后被注子代替。

婺州窑青瓷唾壶

西晋
高12厘米，最大腹径12.5厘米
婺州古瓷馆藏

婺州窑青瓷唾壶

东晋
高11厘米，口径8厘米，腹径11.2厘米，底径7.1厘米
金华市博物馆藏

婺州窑青瓷唾壶

东晋
高10.6厘米，口径8.9厘米，腹径12.6厘米，底径9厘米
原衢州湖镇郑家村出土
金华市博物馆藏

◆ 虎子

唾壶虎子尽能执，舐痔折枝无所辞。——唐·陆龟蒙《奉酬袭美苦雨见寄》

虎子一词始见于东汉，东汉郑玄曾谓："亵器、清器，虎子之属。"说明在汉代，虎子既可作便溺之用的亵器，又可作盥洗之用的清水器。唐代时避尊者讳被改称兽子、马子。

婺州窑青瓷虎子

东汉
高18.2厘米，口径4.9厘米，长27.5厘米
永康市博物馆藏

婺州窑青瓷虎子

三国
高20厘米，口径4厘米，长24.3厘米
武义县博物馆藏

婺州窑青瓷虎子

西晋
高18.5厘米，口径5.8厘米，长24厘米
金华市博物馆藏

婺州窑青瓷虎子

西晋
高15厘米，腹围66厘米，底径14厘米
1971年浦江大许乡后谢村出土
浦江博物馆藏

婺州窑青瓷褐彩弦纹虎子

东晋
高23厘米，口径5.3厘米，腹径19.8厘米，底径12.1厘米
金华原郑家大队出土
金华市博物馆藏

婺州窑青瓷虎子

南朝
高22.7厘米，口径7.4厘米，腹径18.4厘米，底径12.1厘米
金华西吴出土
金华市博物馆藏

器随永生

戴圣《礼记·檀弓上》载："是故竹不成用，瓦不成味，木不成斲，琴瑟张而不平，竽笙备而不和，有钟磬而无簨虡，其曰明器，神明之也。"

史前时代，人们就已经开始专为逝者设计和制造器物。婺州窑在东汉时期已开始生产"备物而不可用"的特殊瓷器。这些以婺州之土凝练而成的器物，在烧造后不久，就又一次被没入婺州之土。与逝去的婺州先民一起，超越时空的束缚，获得了意义的永恒。

五联罐

东汉时期，以江浙一带为中心，流行使用魂瓶作为陪葬品，魂瓶有储存粮食、引魂升天、保佑后人等多种功能。"取子孙繁衍、六畜繁息之意，以妥死者之魂，而慰生者之望。"

最早的魂瓶即五联罐，造型蕴含着生育之神的意向，亦包含了道教阴阳五行和宇宙天地的概念。三国西晋时的谷仓罐，唐宋时期的蟠龙瓶、堆纹瓶等，皆是魂瓶在后世的发展和延续，是各时期宗教信仰和灵魂观念的体现。

婺州窑青瓷水波纹五联罐

东汉
高32.9厘米，腹径21.2厘米，底径13.1厘米
武义县良种场东汉墓出土
武义县博物馆藏

婺州窑青瓷堆塑动物纹五联罐

东汉
高31.8厘米，口径6厘米，腹径21厘米，底径14.5厘米
金华市婺城区雅畈镇东汉墓出土
金华市博物馆藏

婺州窑青瓷伎乐俑五联罐

三国
高42厘米，腹径22厘米，底径12厘米
1994年武义履坦棺山出土
武义县博物馆藏

谷仓罐

　　主要流行于三国西晋时期，由东汉时期的五联罐演变而来。器身的罐口颈处环置四个壶形小罐，因此又有"五壶尊"等称呼。另有"神亭""魂瓶""魂亭""骨灰坛""宇宙罋""谷仓罐""陶罋"等叫法。因在罐上多堆塑人物、飞鸟、百兽、楼阁等形象饰物，因此也有称"堆贴人物楼阁坛""飞鸟人物罐""饰壶"的。

婺州窑青瓷堆塑谷仓罐
三国
高40.5厘米，腹径21厘米，底径12.6厘米
武义白羊街道东村出土
武义县博物馆藏

婺州窑青瓷堆塑人物谷仓罐

三国
高38.8厘米，口径10厘米，腹径26厘米，底径14厘米
1976年金华古方砖瓦厂M12出土
金华市博物馆藏

婺州窑青瓷堆塑台阁谷仓罐

西晋
高42.2厘米，口径13厘米，腹径25.4厘米
1978年兰溪赤溪乡桥头村出土
兰溪市博物馆藏

婺州窑青瓷堆塑台阁人物谷仓罐

西晋
高49.2厘米，腹径25.8厘米，底径13.6厘米
1976年金华古方砖瓦厂M25出土
金华市博物馆藏

蟠龙瓶

　　流行于唐五代时期，与盘口壶造型十分相似，多为盘口，喇叭形颈，腹上鼓下弧收，环绕瓶颈、肩部贴塑有盘曲龙形，故名蟠龙瓶。器身上多有"千秋万岁"或"永别千秋"等铭文。

婺州窑青瓷蟠龙瓶

唐
高51.3厘米，口径20厘米，腹径33.5厘米，底径11厘米
1978年兰溪市香溪镇下新方村出土
兰溪市博物馆藏

婺州窑青瓷蟠龙瓶

北宋
高39厘米，口径18厘米，底径13厘米
1978年永康市棠溪出土
永康市博物馆藏

婺州窑褐釉瓷蟠龙瓶

宋
高36.7厘米，口径10.5厘米，底径11.1厘米
金华市博物馆藏

多角瓶

中晚唐时期流行于南方地区，是一种装粮食或钱币的随葬品。"角"谐音"谷"，寄托了人们对五谷丰收的希望，或与道教信仰有一定关系。多角瓶不见于南方中唐以前的墓葬，之后又与中原风格的随葬品同出，可能是晚唐随北人南迁流传到南方的一类丧葬用品。

婺州窑青瓷多角瓶

五代
高25.5厘米，腹径17厘米，底径8厘米
金华原东郊大队出土
金华市博物馆藏

婺州窑青瓷多角瓶

北宋
高20.5厘米，口径7.5厘米，腹径8.7厘米，底径7.8厘米
义乌市博物馆藏

婺州窑青瓷褐彩多角瓶

北宋
高28.7厘米，口径7.4厘米，腹径14.2厘米，底径7厘米
1979年武义县王宅镇出土
武义县博物馆藏

婺州窑褐釉瓷龙纹堆塑多角瓶

北宋
高33.2厘米，最大腹径17.1厘米，底径15.1厘米
1976年武义县杏渠公社岩坞大队纪年墓出土
武义县博物馆藏

堆塑瓶

　　流行于五代北宋时期。堆塑主题为龙虎、道教形象、送葬场景等。该时期的堆塑瓶有成对出现的情况。唐宋时期丧葬堪舆学著作《大汉原陵秘葬经》中记载公侯卿相、大夫以下至庶人的墓室都应安放有"五谷仓"和"仪瓶""浆水瓶" 等，成对堆塑瓶即是五谷仓与浆水瓶各一。

　　婺州窑所产堆塑瓶有青釉、黑釉等产品，堆塑的内容主题反映出浓厚的道教文化色彩，极具地域特征。

婺州窑褐釉瓷龙纹堆塑瓶

北宋
通高31.1厘米，口径5.2厘米，腹径14.4厘米，底径4.2厘米
1976年武义县杳渠公社岩坞大队纪年墓出土
武义县博物馆藏

婺州窑褐釉瓷人物楼阁堆塑瓶

宋
高40厘米，口径10.6厘米，腹径24厘米，底径13.7厘米
金华市博物馆藏

婺州窑青瓷"儿孙长旺"出殡纹堆塑瓶

北宋
高32.8厘米，口径9.5厘米，底径8.8厘米
1979年武义县壶山西门头矿业公司出土
武义县博物馆藏

婺州窑青瓷"长命富贵"龙纹堆塑瓶

北宋
高31.6厘米，口径9厘米，底径8.8厘米
1979年武义县壶山西门头矿业公司出土
武义县博物馆藏

婺州窑褐釉瓷丧葬人物堆塑瓶

宋
高30.9厘米,口径7.7厘米,腹径22厘米,底径11.8厘米
1970年雅畈镇寿溪村出土
金华市博物馆藏

婺州窑褐釉瓷十二生肖堆塑瓶

宋

高34厘米，口径9.2厘米，底径8.2厘米

20世纪80年代东阳市南马瑶仪前山头采集

东阳市博物馆藏

婺州窑褐釉瓷堆塑瓶

宋

高31厘米，口径8.5厘米，底径8厘米

永康市博物馆藏

四系壶

五代至宋流行，是内装粮食用于陪葬的明器，多为越窑、婺州窑产品。器形特点是盘口、筒形颈、圆肩、口沿下至上腹有四系，有的在盘口上加盖。

婺州窑青瓷莲瓣纹四系壶

五代
高22.3厘米，口径8.1厘米，腹径13.6厘米，底径8厘米
武义县桐琴镇石上青村出土
武义县博物馆藏

婺州窑青瓷四鋬壶

北宋

高24厘米，口径7厘米，最大腹径13厘米，底径7.5厘米

婺州古瓷馆藏

故乡与他乡

　　婺州窑业在婺州的土地上生长繁衍，婺州窑器随着客商、旅人离开婺土，去往异乡。制器的工艺与观念随着工匠们的迁徙流转，在浩渺的时空中穿梭、演变和再生，在他乡落地生根。陌生的土地，相同的器物，似曾相识的釉色，故乡与他乡的概念似乎难以辨明。

何曾是两乡

王昌龄《送柴侍御》："流水通波接武冈，送君不觉有离伤。青山一道同云雨,明月何曾是两乡。"

观念在碰撞中融合，工艺在交流中嬗变。金衢盆地作为东南地区重要的区位枢纽，为该地区"文化廊道"的历史文化地位奠定了基础。八方窑业在这里交流汇聚，经过本地婺州窑的吸收与转化，又对外辐射与传播，影响了江西、湖南、广西、福建等地窑系的形成与发展。

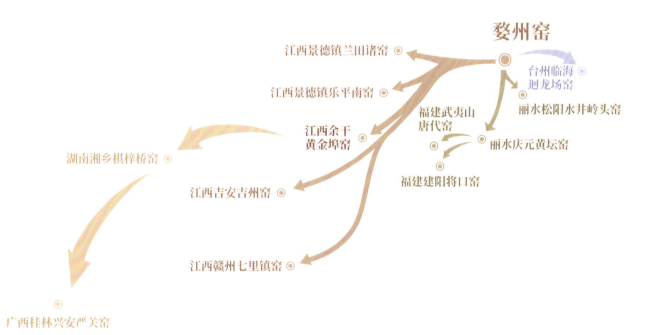

婺州窑

江西景德镇兰田诸窑

台州临海迴龙场窑

丽水松阳水井岭头窑

江西景德镇乐平南窑

福建武夷山唐代窑

江西余干黄金埠窑

丽水庆元黄坛窑

湖南湘乡棋梓桥窑

福建建阳将口窑

江西吉安吉州窑

江西赣州七里镇窑

广西桂林兴安严关窑

婺州窑传播路线图

江西景德镇乐平南窑

　　乐平南窑位于江西省乐平市接渡镇南窑村，始烧于中唐，衰落于晚唐。考古出土一批青瓷、青釉褐斑瓷、青釉褐彩瓷、酱釉瓷器以及窑具标本。

　　该窑的产品具有婺州窑风格，同时吸收了长沙窑技术，部分产品特征与金华汉灶窑极为接近。

青釉褐斑瓷片
唐
江西景德镇乐平南窑出土
乐平市博物馆藏

青瓷褐斑双系瓜棱罐
唐
口径8.3厘米，腹径14厘米，底径8.6厘米
江西景德镇乐平南窑出土
乐平市博物馆藏

青瓷褐斑双系罐
唐
口径18.1厘米，腹径21.5厘米，底径13厘米
江西景德镇乐平南窑出土
乐平市博物馆藏

湖南湘乡棋梓桥窑

　　棋梓桥窑位于湖南省湘乡市棋梓镇，为湘中地区规模最大、遗存最丰富的宋代窑址。

　　瓷器品种多、数量大，主要为日用瓷。器物有碗、碟、盏、杯、壶、坛、罐等，胎质较硬，可发金属声。瓷土一般不带砂，胎色为瓦灰、赭灰或褐红。釉色有绿、蓝、褐、黄、窑变，以绿、褐为主，以窑变釉最为突出。

窑变釉瓷瓶
宋
高15厘米，口径1.7厘米，底径4.4厘米
湖南湘乡棋梓桥窑出土
湖南博物院藏

窑变釉双系带錾瓷壶
宋
高6.8厘米，口径5.8厘米，底径3.6厘米
湖南湘乡棋梓桥窑出土
湖南博物院藏

窑变釉瓷碗
宋
高4.9厘米，口径10.9厘米，底径3厘米
湖南湘乡棋梓桥窑出土
湖南博物院藏

广西桂林兴安严关窑

　　严关窑位于广西北部的兴安县以南，地处长江与珠江两大水系的连接线上，湘桂走廊之咽喉。南宋绍兴末创烧，南宋末停烧。出土遗物以碗、盘、碟等日用器为主。釉以青、月白釉为主，兼烧酱、黑、窑变釉及点洒褐彩为主。窑变釉、酱釉亦较常见。

　　其工艺与湘南湘江下游流域的衡山窑、蒋家祠等窑址相似，或可追溯至长沙窑。应是南宋淳熙年间湘江下游湘南地区的窑工为避灾荒，逆湘江而上至此而创立。出土的窑变釉产品有明显的婺州窑特征。

窑变釉瓷碗残件

南宋
高6厘米，口径8.5厘米，底径3.5厘米
广西兴安县严关窑址出土
灵渠博物院藏

窑变釉瓷碗

南宋
高5.5厘米，口径12厘米，底径5.5厘米
广西兴安县严关窑址出土
灵渠博物院藏

窑变釉瓷盏

南宋
高6.2厘米，口径11.5厘米，底径4厘米
广西兴安县严关窑址出土
灵渠博物院藏

窑变釉瓷碗

南宋
高5厘米，口径9厘米，底径3厘米
广西兴安县严关窑址出土
灵渠博物院藏

窑变釉瓷碗

南宋
高5厘米，口径8厘米，足径3厘米
广西兴安县严关窑址出土
灵渠博物院藏

窑变釉瓷碗

南宋
高7厘米，口径18厘米，底径6厘米
广西兴安县严关窑址采集
金华市博物馆藏

丽水松阳水井岭头窑址

　　水井岭头窑址坐落在浙江省松阳县界首村大岗山水井岭头山坡上，松阳自古为连接处州与衢州、丽水、温州的交通要冲。水井岭头窑址为唐代窑址，采集到的主要为碗、瓶、灯盏的残片。窑具主要为束腰状支烧具，未见匣钵。除青釉外，还有少量褐釉、黑釉和窑变器物。褐釉标本为表面有水波纹的大罐残片；黑釉标本为小壶残片，釉面有窑变痕迹。

　　该窑址是松阳县目前发现的规模最大的窑址，产品风格与婺州窑相近，对于研究地区窑业的产生、发展具有一定的价值。

窑变釉青瓷碗

唐
高7厘米，口径16.8厘米，底径7.5厘米
2023年松阳县界首村水井岭头窑址采集
金华市博物馆藏

窑变釉青瓷碗

唐
高5厘米，口径15.3厘米，底径5厘米
2023年松阳县界首村水井岭头窑址采集
金华市博物馆藏

窑变釉青瓷残片

唐
2023年松阳县界首村水井岭头窑址采集
金华市博物馆藏

丽水庆元黄坛窑

　　黄坛窑位于庆元县竹口镇黄坛村，唐代窑址。出土器物有碗、盘、盏、灯盏、钵、盘口壶等。窑具有垫柱和匣钵。 产品胎色较深，多呈灰、灰褐或红褐色；胎质粗，较疏松，夹杂砂粒。釉色以青黄、青灰为主，以少量盘口壶釉色为佳。装烧方法以裸烧、叠烧为主，少量精细产品应采用匣钵装烧。

　　黄坛窑产品与松阳水井岭头窑址出土器物风格一致，推断其亦受到了婺州窑的影响。

青瓷碗残件

唐
高10.2厘米，足径6.8厘米
2014年丽水庆元黄坛窑址出土
浙江省文物考古研究所藏

青瓷碗残件

唐
高6.3厘米，足径8.2厘米
2014年丽水庆元黄坛窑址出土
浙江省文物考古研究所藏

"王"字铭青瓷碗残片

唐
高3.3厘米，足径8厘米
2014年丽水庆元黄坛窑址出土
浙江省文物考古研究所藏

青瓷碗残件

唐
高5.2厘米，足径6.6厘米
2014年丽水庆元黄坛窑址出土
浙江省文物考古研究所藏

青瓷盘口壶残件

唐
高9.8厘米，口径16.8厘米
2014年丽水庆元黄坛窑址出土
浙江省文物考古研究所藏

青瓷罐残件

唐

高30.8厘米，底径11.2厘米

2014年丽水庆元黄坛窑址出土

浙江省文物考古研究所藏

青瓷多角罐残件

唐

高7.3厘米，口径10厘米

2014年丽水庆元黄坛窑址出土

浙江省文物考古研究所藏

青瓷执壶残件

唐

高14厘米

2014年丽水庆元黄坛窑址出土

浙江省文物考古研究所藏

福建建阳将口窑

　　将口窑位于福建省建阳区将口村北侧，唐中晚期窑址。出土器物主要有碗、盘、碟、盆、钵、执壶等，窑具有支座、支圈、碾轮等。瓷胎大多细腻纯净，颜色以黄白色和灰白色为主。釉色以青绿色和青黄色为主，少数为青灰色。大多数青釉器不加装饰，部分器物有褐彩装饰。

　　闽北地区自南朝以来便有烧造青瓷的传统，但将口窑出土器物的特征表明，唐代建阳青瓷制造业受到了浙江瓷业极大的影响。

青瓷残片
唐
2023年福建建阳将口窑址采集
金华市博物馆藏

君自故乡来

　　王维《杂诗三首·其一》："常有江南船，寄书家中否。君自故乡来，应知故乡事。"

　　千百年来，在人的交流与迁徙中，婺州窑器作为故乡最具特色的礼物和最早的贸易品，出现在南宋都城的太庙，出现在我国唐宋时期的贸易大港，出现在太平洋的波涛里，也出现在彼岸古老的驿馆与港口里。它们自故乡婺州而来，跨越山川海洋，在异乡土地上生根发芽。它们是世界陶瓷之路的组成部分，也是我国中外文明交流史的见证。

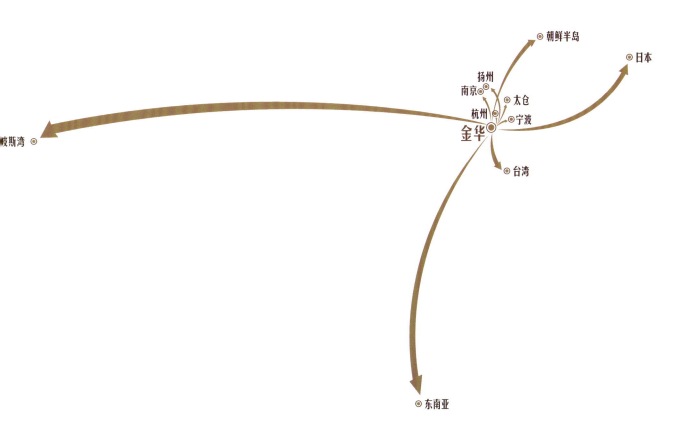

杭州

北宋时，杭州被誉为"东南第一州"。绍兴八年（1138）宋高宗正式定都临安，杭州（临安）成为南宋政治、经济和文化中心。

杭州南宋太庙遗址位于杭州市城南紫阳山东麓，始建于宋高宗绍兴四年（1134），是南宋帝王祭祀祖先的宗庙，也是南宋临安城最重要的礼制性建筑之一。出土遗物主要为陶质建筑构件、陶器、瓷器、玉石质遗物和铜钱等。

婺州窑乳浊釉瓷敛口碗

元
高7.4厘米，口径19.5厘米，足径8.7厘米
杭州市南宋太庙遗址出土
杭州市文物考古研究所藏

婺州窑乳浊釉瓷敛口碗残片

元
高6.7厘米，足径8.5厘米
杭州市南宋太庙遗址出土
杭州市文物考古研究所藏

婺州窑乳浊釉瓷花盆

元
高8厘米，口径11.5厘米，足径4厘米
杭州市南宋太庙遗址出土
杭州市文物考古研究所藏

婺州窑乳浊釉瓷片

元
高24厘米，宽17厘米
杭州临安城遗址采集
杭州市文物考古研究所藏

婺州窑乳浊釉瓷敞口碗

元
高4.7厘米，口径9.6厘米，足径4厘米
杭州市南宋太庙遗址出土
杭州市文物考古研究所藏

宁波

宁波以港兴市，是中外闻名的商埠。明州（宁波）港在唐代是全国四大名港之一。宋代，明州（宁波）港成为朝廷指定通往日本、高丽的特定港口。作为历代重要的对外港口，宁波集结了来自全国各窑口的陶瓷器。永丰库、东门口码头、"境清禅院"等多处考古遗址，均发现婺州窑的产品。

婺州窑乳浊釉瓷片

元
宁波永丰库元代仓储遗址出土
宁波市文化遗产管理研究院藏

婺州窑乳浊釉瓷片

元
宁波永丰库元代仓储遗址出土
宁波市文化遗产管理研究院藏

婺州窑乳浊釉瓷片

元
宁波永丰库元代仓储遗址出土
宁波市文化遗产管理研究院藏

江苏太仓

太仓位于江苏省东南部，元代因刘家港开创漕粮海运而日益繁盛，外通高丽、日本等地，号称"六国码头""天下第一码头"。至正二年（1342）设立庆元市舶分司，元末筑太仓城。明洪武初年设立黄渡市舶司，永乐至宣德年间，郑和以太仓和刘家港为起锚地和回航安泊之所，七下西洋，揭开了世界大航海时代的序幕。

樊村泾遗址位于太仓市城厢镇樊泾村小区西侧，是元代江南地区一处瓷器贸易集散地及仓储遗存。2016年进行抢救性发掘，出土瓷片总量150余吨，主要来自龙泉窑、景德镇窑、磁州窑、婺州窑等。

婺州窑乳浊釉瓷双耳四系罐

元
高21.2厘米，口径21.2厘米，底径9.8厘米
江苏省太仓市樊村泾遗址出土
苏州市考古研究所藏

婺州窑乳浊釉瓷四系罐

元
高24.3厘米，口径20.5厘米，足径9厘米
江苏省太仓市樊村泾遗址出土
苏州市考古研究所藏

婺州窑乳浊釉瓷碗

元
高20.3厘米，口径41厘米，足径10.6厘米
江苏省太仓市樊村泾遗址出土
苏州市考古研究所藏

婺州窑乳浊釉瓷洗

元
高6.5厘米，口径18.8厘米，底径6.6厘米
江苏省太仓市樊村泾遗址出土
苏州市考古研究所藏

婺州窑乳浊釉瓷瓶

元
高11.4厘米，口径6厘米
江苏省太仓市樊村泾遗址出土
苏州市考古研究所藏

婺州窑乳浊釉瓷盏

元
高3.5厘米，口径10.9厘米，底径3.6厘米
江苏省太仓市樊村泾遗址出土
苏州市考古研究所藏

扬州

　　扬州位于江苏省中部，长江与京杭大运河交汇处。唐代，扬州不仅是国际化大都市，还是一国际港口城市。"南北大冲，百货所集"，"舳舻相接，衣冠萃集"，有"扬一益二"之称。全国的物资在此云集，通过海上丝绸之路输送到世界各地。

　　在扬州城的考古工作中，发现了许多婺州窑的产品。其中扬州市史可法西路北侧教育学院出土的青釉褐斑双系壶，在日本冈县久留米市西谷火葬墓也发现过类似产品。

婺州窑青瓷碗

唐
高5.2厘米，口径16厘米，底径8.9厘米
1978年江苏省扬州市汶河路出土
扬州博物馆藏

婺州窑青瓷褐彩钵

唐
高5.8厘米，口径17.2厘米，腹径17厘米
扬州博物馆藏

婺州窑青瓷褐斑双系罐

唐
高17.7厘米，口径8.2厘米，底径9厘米
1978年江苏省扬州市汶河路出土
扬州博物馆藏

婺州窑青瓷褐斑双系罐

唐
高16.8厘米，口径8.3厘米，腹径14厘米
1985年扬州市扬州教育学院工地采集
扬州博物馆藏

朝鲜半岛

　　1975年，韩国新安海域发现一艘元代沉船，该沉船原计划从中国浙江庆元港（宁波）出发至日本博多港（福冈），因遇风浪而沉没于朝鲜半岛新安海域。从船上打捞出陶瓷器2万余件，有155件乳浊釉瓷器。其中三足乳丁洗、花盆与金华铁店窑址所采集的一致，证实该批乳浊釉瓷器为婺州所产。

婺州窑乳浊釉瓷花盆

元
韩国国家中央博物馆藏

婺州窑乳浊釉瓷花盆

元
高9厘米，口径16厘米，底径7厘米
婺州古瓷馆藏

婺州窑乳浊釉瓷洗

元

韩国国家中央博物馆藏

婺州窑乳浊釉瓷三足洗

元

高7厘米，口径20厘米，底径9厘米

婺州古瓷馆藏

江苏南京

1982年，南京东郊马群街北海军医校进行基本建设时，清理了一座六朝砖室墓。随葬品中有青瓷器、滑石器、陶器和铜器。其中有一件青瓷盘口壶，饰一层化妆土，似为婺州窑所出。

台湾

台湾岛是我国第一大岛，扼西太平洋航道中心，是中国与太平洋地区各国海上联系的重要交通枢纽。台湾海域目前已发现众多晚唐至北宋时期的青瓷，出自越窑、瓯窑、婺州窑以及台州地区临海、黄岩等地窑址。个别作品与金华象塘窑风格接近。推测这些产品从当时的明州、温州等港口出发，经台湾海域，向东南亚、印度洋沿岸销售。

东南亚

冯先铭先生在日本、东南亚访问期间，见到了许多婺州窑的产品。

波斯湾

尸罗夫港位于今伊朗布什尔省南部的塔赫里村庄西部，是中世纪波斯湾著名的港口，一度成为波斯与中国、印度进行海上贸易的重要中心。尸罗夫遗址出土了唐代越窑、长沙窑的产品，亦出土了类似婺州窑系东阳象塘窑所烧制的青瓷碗。

日本

中日两国往来历史已久，中国陶瓷在两国交流中扮演了重要角色，截至20世纪末，日本约有8000处遗迹出土了中国陶瓷（亦出土了韩国、泰国与越南等地的贸易瓷，但其数量不及中国陶瓷）。其中福冈市太宰府鸿胪馆遗址、紫筑野市大门遗址、鹿儿岛西侯火葬墓等出土了唐宋时期婺州窑的产品。

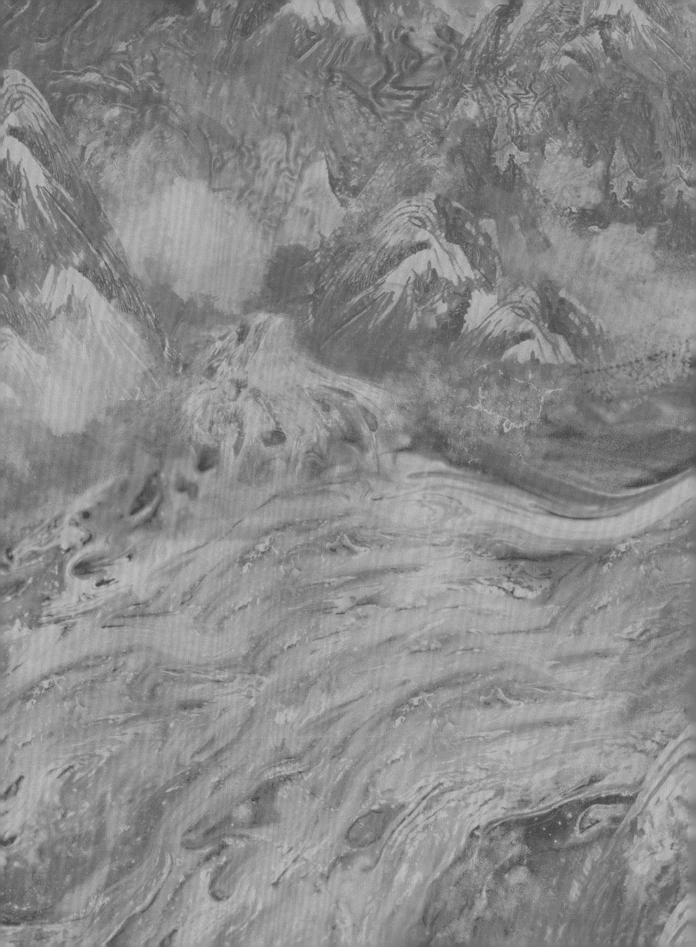

沃土承新器

泥土在手中千变万化，
器物自在地被创造。
堆塑人生、装扮时光，
每一件器物都注入了人的
思绪与情感，
饱含着自然的温度，
彰显着时间的刻度。
工艺在传承中流变，
血脉在传承中延续，
婺州大地又一次站在
历史的节点上。
古老的乐土衍变为新的沃土，
升腾出崭新的气象。

传

薪

　　明代以后，婺州窑逐渐淡出了人们的视野。20世纪以来的考古工作，将沉寂数百年的婺州窑重新带到了人们面前。婺州窑地区的匠人们也承担起婺州窑复兴的责任，在传承化妆土、乳浊釉、堆塑、褐彩四大传统工艺基础上，融合现代审美，烧制出适应当代市场需求的婺州窑瓷器，继承和发扬了古代婺州窑博采众长、海纳百川的精神。

化妆土

　　化妆土是将经特别加工的瓷土或专门选用的高铝低铁原料调成的泥浆，施在胎釉之间，以改善瓷器的质量，并起到美化瓷器或改变瓷器呈色的作用。化妆土作为我国制瓷业中最流行、最重要的一种工艺技术，三国时期首先出现在南方。

　　金衢盆地的瓷土，因含铁量较高，瓷器烧成后釉胎色偏深，早在西晋婺州窑就开始使用化妆土，是我国最早使用化妆土的窑系之一。

婺州窑青瓷双复系盘口壶

南朝
高36.3厘米，口径18厘米，腹径19厘米，底径9.5厘米
1975年武义县桐琴镇桐琴果园出土
武义县博物馆藏

婺州窑青瓷点彩盘口壶

东晋
高35.7厘米，口径12.4厘米，腹径24.9厘米，底径11厘米
1990年武义县履坦镇白燕湾村胡宅山出土
武义县博物馆藏

婺州窑化妆土鱼纹瓶

现代
邵文礼作
武义婺州窑研究所藏

乳浊釉

　　古陶瓷釉中有一类硅铝比、磷含量较高的釉，在合理烧成制度和较慢冷却速度下，会分离成两个成分不同、互不混溶的液相，以无数孤立液滴形式分散于另一个连续相中，即"液－液分相釉"。具有蓝色乳光现象的分相釉称为乳光釉、乳浊釉、窑变釉、花釉。

　　婺州窑在两晋时期出现的褐釉斑点装饰，为乳浊釉的烧成打下了一定的基础。其于唐初成功地创烧出乳浊釉瓷。直至元代，婺州窑乳浊釉瓷仍在烧造，并取得了巨大进展。一度认为我国乳浊釉瓷最早是由北方的钧窑创烧于北宋时期，后被证实婺州窑乳浊釉的烧制在时间上比钧窑更早，在地区范围上也比钧窑更广，且在本地区自成一系发展。

婺州窑乳浊釉瓷片
唐
衢州市柯城区沟溪乡上叶窑址采集
衢州市博物馆藏

婺州窑乳浊釉瓷带盖瓶

元

高23厘米，口径1.9厘米，腹径10.7厘米，底径7.7厘米

杨宏捐赠

金华市博物馆藏

婺州窑乳浊釉瓷鬲式炉

元

高8厘米，口径12.5厘米，底径13厘米

古越轩藏

婺州窑乳浊釉双鱼耳瓶

现代
高30厘米，口径16厘米，底径12厘米
郑志法作
武义婺州窑研究所藏

堆塑

　　堆塑是将手捏或模制的立体人物、动物、亭阁等密集而有规律地粘贴在器物坯体上，直接或施釉入窑烧制。这一装饰艺术在我国众多窑口之中得到了广泛的运用，金衢盆地土层多为粉砂岩风化而成的红色黏土带，蕴藏量丰富且又极易开采，具有良好的可塑性。

　　婺州窑堆塑技艺在东汉三国时期就已成熟，以捏塑刻划、堆贴、镂空、模印等手法堆塑各种人物、建筑造型、动物于瓶上，具有鲜明的地域特征。

婺州窑青瓷堆塑人兽纹五联罐

三国
高38厘米，口径6厘米，腹径26厘米，底径15厘米
李林炎捐
金华市博物馆藏

婺州窑青瓷蟠龙瓶

唐
高58.5厘米，口径23厘米，腹径37.3厘米，底径15厘米
金华市博物馆藏

婺州窑褐釉瓷人物纹堆塑瓶
宋
高25.2厘米，口径7.7厘米，腹径18.6厘米，底径9.5厘米
金华市博物馆藏

婺州窑堆塑龙纹洗

现代
邵文礼作
武义婺州窑研究所藏

褐彩

　　褐彩装饰工艺以含铁较多的釉料施于瓷器表面，烧成后点彩处呈酱褐色，最早出现于三国东吴时期，流行于东晋。唐代青瓷上的褐斑装饰仍继承着这一传统。宋元青白瓷上的铁斑纹或元明时期龙泉窑青瓷上的褐斑点饰即是此装饰的孑遗。它是后世许多著名瓷窑釉彩装饰的源头。

　　婺州窑是最早运用褐彩装饰的窑口之一。西晋时期，婺州窑青瓷上已出现褐斑装饰，东晋时得到普遍应用。

婺州窑青瓷点彩双复系盘口壶残件

南朝
高39厘米，口径18厘米，底径13厘米
1983年永康城区内出土
永康市博物馆藏

婺州窑青瓷褐彩碗

唐
高6厘米，口径16.9厘米，腹径17.2厘米，底径8.8厘米
1977年兰溪市上华街道上华行政村采集
兰溪市博物馆藏

婺州窑青瓷褐彩执壶

唐
高20厘米，最大腹径16.5厘米
婺州古瓷馆藏

婺州窑三阳开泰褐斑尊

现代
高37厘米，口径18厘米，底径18厘米
陈新华作
金华市博物馆藏

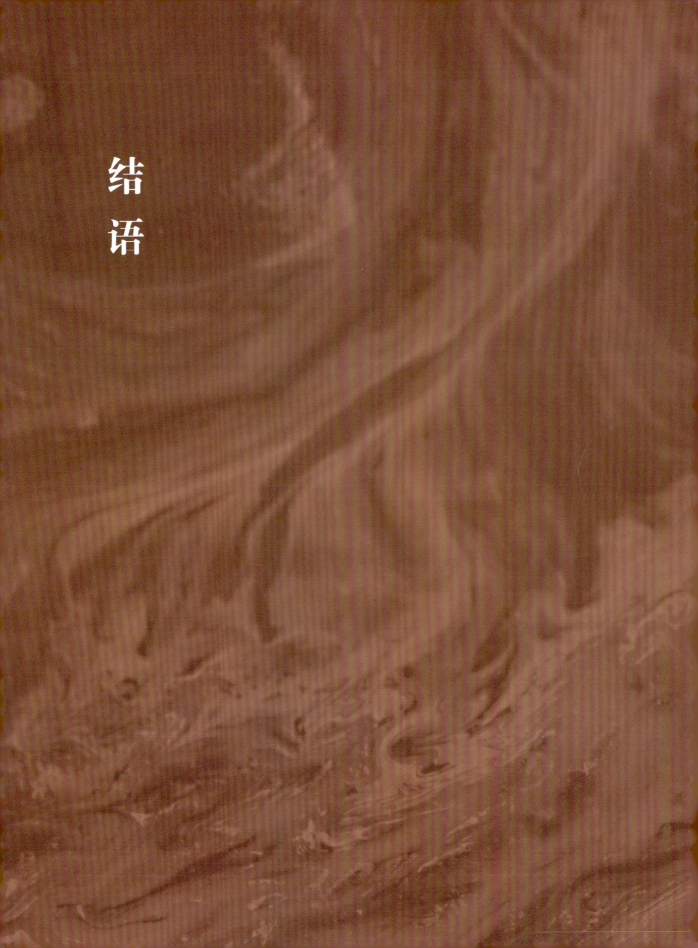

结语

时间在泥土里沉降，文化在融合中积淀。
千年的尘土早已吹散，而它还保留着这片土地原始的芬芳。
这些器物，带着金衢盆地质朴的民风，也带着东汉六朝的气息。
婺州人民的光荣与梦想，现实与幻想，都在器物上自由徜徉。

曾经的婺州大地，
以博大的胸襟和恢宏的气度吸纳多元文化，
塑造了一个博采众长、兼容并蓄的青瓷名窑，
并把它的产品、工艺、理念推向世界。
在呼吸吐纳之间，
成就了金衢盆地"东南文化廊道"之名。

文明因多样而交流，因交流而互鉴，因互鉴而发展。
婺州窑陶瓷器与孕育它的这片土地一起，
无不彰显包容并蓄、融合共生的中国智慧。
往昔"两浙要区"地，今朝"国际枢纽"城，
这是器象里的婺州，也是婺州的气象。